NEW ORLEANS MISSISSIPI DELTA MEMPHIS ST. LOUIS CHICAGO MINNEAPOLIS

アメリカ・ミシシッピリバー
音楽の源流を辿る旅

牧野森太郎

Introduction

MISSISSIPPI RIVER

ミシシッピ川
その豊かな流れ

北米大陸を南北に貫いてゆったりと流れる大河、ミシシッピ。
ミネソタ州の小さな湖に源を発し、
4000キロを旅して河口の街、ニューオリンズに至る。
かつてミシシッピ川はアメリカの西の境界線であり、
それを超えていく西部開拓が国の悲願だった。
南部で生まれたニューオリンズJazzやデルタ・ブルースは
その川を遡りながら
融合し洗練され、スウィングJazz、ロックンロール、ソウル、
リズム＆ブルースへと昇華した。
アメリカン・ミュージックのルーツ、
そして各地の独特な食文化を訪ねる旅に出る。

02 Introduction　ミシシッピ川　その豊かな流れ
06 アメリカの文化を 運んだ大河

Chapter 1
Jazzが生まれた街 NEW ORLEANS
ニューオリンズ

10 19世紀中頃〜後半 南北戦争が終わり、Jazzの音が響いた
12 20世紀前半 ミシシッピ川を遡ってJazzはカルチャーになった
14 ニューオリンズが生んだレジェンド ルイ・アームストロング
16 Jazz誕生の歴史がわかるミュージアム ニューオーリンズジャズ博物館
17 地元のヒーローを讃える公園 ルイ・アームストロング・パーク
18 ニューオリンズは今もジャズの街
20 バーボンストリートの老舗クラブ メゾン・バーボン
22 クレオールとケイジャン、何が違う？
24 ニューオリンズの特異な文化を築いた特権階級、クレオール
26 クレオール料理 アントワーヌズレストラン
28 故郷の生活を守り続けた　アカディアンの末裔がケイジャン
30 ケイジャン料理 ルイジアナのソウルフード
32 世界に広まったルイジアナのスパイスソース　タバスコ工場博物館

Chapter 2
ミシシッピ・デルタでブルースは生まれた MISSISSIPPI DELTA
ミシシッピ・デルタ

36 ミシシッピ川とヤズー川が作る肥沃なデルタ地帯
38 19世紀後半　綿花畑の労働歌としてブルースは誕生
40 今も残るコットン・プランテーション　ドッカリー農場
42 クロスロード伝説 ロバート・ジョンソン
44 伝説のクロスロードはどこにある？
46 ジューク・ジョイントと呼ばれるデルタのライブハウス
48 ブルースマンは北を目指す　ハイウエイ61と大移動
50 デルタで活躍したレジェンドたち
52 BBの功績を讃えるミュージアム　BBキング博物館
54 今も昔もミシシッピ・デルタの中心地　クラークスデイル
56 プランテーションを体感できる宿　シャック・アップ・イン
58 ミシシッピ名物、ナマズ料理専門店 ザ・クラウン
60 南部の歴史とともに歩んできたレストラン　ドーズ・イート・プレイス
62 ルイジアナ→ミシシッピ

Chapter 3
ロックとソウルが誕生　音楽の都 MEMPHIS
メンフィス

66 音楽のスクランブル交差点 メンフィス
68 エルビスが夢をつかんだ街
70 エルビスが生まれた家
72 ソウル、R&Bの聖地 スタックス・レコード
74 黒人音楽が開花！ソウル界のビッグスター
76 ラジオDJとして チャンスをつかんだBBキング
78 ラジオとレコードとモータリゼーション
80 メンフィスは今も音楽の都
82 BBQの歴史を訪ねる南部の旅

Chapter 4
カントリーを育んだ緑の草原 NASHVILLE, KENTUCKY, ST.LOUIS
ナッシュビル、ケンタッキー、セント・ルイス

- 88 アパラチアで暮らしたスコッチ・アイリッシュがルーツのカントリーとブルーグラス
- 90 カントリー界の4大レジェンド
- 92 新しい音楽ジャンルを確立 ビル・モンロー＆ブルーグラス・ボーイズ
- 94 カントリーの都 ナッシュビル
- 96 ナッシュビルのランドマークに圧倒的なコレクション カントリー・ミュージック殿堂博物館
- 98 ケンタッキー州オーエンズボロはブルーグラス発祥の地
　　 ブルーグラス・ミュージック殿堂博物館
- 100 スコット・ジョプリンがミズーリで奏でた ラグタイム
- 102 ブルースの父、WCハンディとセントルイス・ブルース
- 104 セント・ルイスの堂々たるシンボル ゲートウエイ・アーチ
- 106 北部と南部、東部と西部を分ける川
- 108 19世紀前半の南部を描いたマーク・トウェインの自伝的小説 トム・ソーヤの冒険
- 110 ウォーキングツアーが楽しい マーク・トウェイン子ども時代の家と記念館
- 112 南部を代表する味、フライドチキン
- 114 バーボンの街 バーズタウンを訪ねる
- 116 美しい自然環境に広がる メーカーズ・マーク蒸留所
- 118 トム・ソーヤも見た ミシシッピ川の流れ

Chapter 5
憧れの大都市 CHICAGO
シカゴ

- 122 シカゴJazzの全盛は1920年代 その後、中心はニューヨークへ
- 124 マディがエレクトリックと出会ってシカゴ・ブルースが誕生した
- 126 伝説のチェスレコードのスタジオ・ツアー
- 128 シカゴ・ブルースのレジェンドたち
- 130 イギリスに渡ったブルース
- 132 1960年代以降のミュージックシーンへの影響
- 134 全米屈指のエンターテインメントの街
- 136 1960年代に煌めいたモータウン・サウンド
- 138 シカゴといえば ディープディッシュ・ピザ

Chapter 6
ミシシッピ川源流 MINNESOTA
ミネソタ

- 142 ハイウエイ61の終わり ミシシッピ川の始まり
- 144 ボブ・ディランが歌ったハイウエイ61
- 146 ディランが育った家、生まれた家
- 148 アメリカン・ミュージックのルーツを辿る旅 27日間、6000キロの記録

- 154 魅力的な都市の周遊プランはいかが？
- 156 アメリカの道は旅人にやさしくできている
- 158 ぼくのハイウエイ61

CONTENTS 5

アメリカの文化を
運んだ大河

THE MOTHER RIVER OF AMERICAN CULTURE

　北米大陸には南北に連なる険峻なロッキー山脈があり、多くの川はロッキーを境に東西に分かれて流れ出る。それが大分水嶺で、ロッキーの東に降った雨は大西洋に向かい、西に降った雨は太平洋に向かう。

　しかし、ミシシッピ川は例外だ。この大河の源流はカナダ国境に近いミネソタ州北部のイタスカ湖という小さな湖にある。ここから幅３メートルほどの小川として流れ出た水は、アメリカを南北に縦断してメキシコ湾に注ぐ。その長さ、3779キロ。

　1803年にアメリカがミシシッピ川以西を買収するまで、この川はアメリカとフランスの国境だった。その頃からミシシッピ川は南部と北部を結ぶ交易路として重要な役割を担い、川沿いには魅力的な町ができた。河口に栄えたエキゾチックな町、ニューオリンズ。19世紀のアメリカの貿易の主力、綿製品を支えたミシシッピ・デルタ。さらには東西と南北の交易が交わるメンフィス、西部開拓の気運に燃えたセント・ルイス、グレートプレーリーの小麦の集積地、ミネアポリスなど。そして、運河で大都市・シカゴと結ばれると、さらに大河の重要性は増したのだった。

　ミシシッピ川が運んだものは物資ばかりではなかった。20世紀初頭、南部の黒人たちがより良い生活を求めて北を目指した。自動車が移動手段として発達すると、それは止められないうねりとなった。その時代に重要な役割を果たしたのが、ミシシッピ川沿いに整備されたハイウエイ61だった。

　人が移動すると文化が伝わる。それは、ものの道理だ。ニューオリンズ、ミシシッピから北へ向かった黒人たちは新しい音楽のJazzやブルースを北へ伝えた。こうして深南部の黒人音楽は教育を受けた才能ある人々と出会い、磨き上げられ、白人にも受け入れられる洗練された音楽に生まれ変わったのだった。それが世界を席巻するアメリカン・ミュージックのサクセス・ストーリーだ。

　本書では、アメリカ音楽が生まれ育った道（グレート・リバー・ロード）を読者の方たちと一緒に辿ります。

　旅のスタートはJazzの故郷、ニューオリンズ。その後、旅はミシシッピ・デルタ、メンフィス、セント・ルイス、シカゴ、さらにはミシシッピ川の源流、ミネソタまで続きます。どうぞ、好きな音楽を聴きながらお楽しみください。

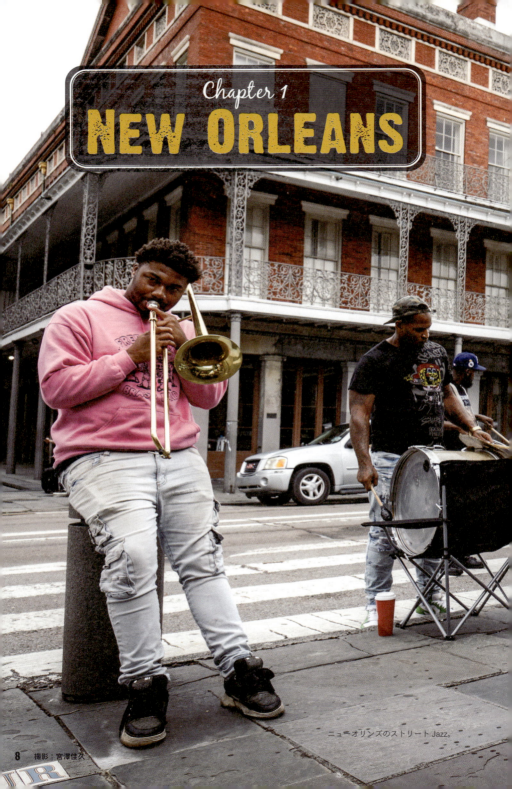

ニューオリンズのストリートJazz。

Jazzが生まれた街
ニューオリンズ

Jazzの発祥についての諸説は無視するに限る。さまざまな国、地域、人種、楽器のエッセンスが融合して混じり合って生まれた濃厚な音楽は、ここニューオリンズ以外で生まれるはずがないからだ。世界の歴史上、もっとも特異な環境にあった19世紀のある時期に、後に芸術に昇華する"Jazz"が誕生した。そして、今でもその音色は誇らしげに街角に響き続けている。

19世紀中頃〜後半

南北戦争が終わり、Jazzの音が響いた
THE END OF CIVIL WAR, THE BIRTH OF JAZZ

　1682年、ロベール・カヴァリエ・ド・ラ・サールという毛皮商人が、フランスの植民地であったカナダからミシシッピ川を下って河口までの探検に成功。彼は広大なミシシッピ流域をフランス領と宣言し、時の王、ルイ14世にちなんでルイジアナと名づけた。

　ニューオリンズがフランス領ルイジアナの首都となったのは1722年だが、そのころはまだ寒村に過ぎず、にぎわいを見せるようになったのは19世紀になってから。1803年にルイジアナがアメリカに買収されたときの人口が1万人、1820年に4万人になったという記録がある。

　特筆すべきは、ニューオリンズに住んでいた人たち。同じくフランス領だった西インド諸島や西アフリカから多くの人が移り住んだ。彼らが文化の中心となるクレオールだ。さらに南米、中米からスペイン系が入り、アメリカに併合されてからはイギリス系、アイルランド系も大挙してやってきた。南北戦争終了後は解放奴隷と呼ばれる黒人も街に出た。

　つまり、ニューオリンズの街はヨーロッパ各国とアフリカの文化が渾然一体となっていたわけだ。1870年にニューオリンズの人口は20万人に膨らみ、全米で4番目の都市となっていた。

1 ルイ・アームストロング・パークにあるマーチングバンドのレリーフ。アフリカのリズム、ヨーロッパ各国のメロディが渾然一体となって、新しい音楽が芽生えた。ブラスバンドの誕生は1865年ごろとされている。**2,3** のちにJazzと呼ばれる音楽の原石を生み出したのは、クレオールと呼ばれる白人と黒人の混血だった。彼らは肌の色は黒いが特権階級を形成した。裕福で知的レベルも高く、音楽を愛した。**4,5,6** 南北戦争に敗れた南軍が放棄した楽器が、ブラスバンドによって再利用された。**7** バンジョーはアフリカのバントゥ族から伝わったとされる。

19世紀半ば、この活気あふれる街で一風変わった音楽が芽生え始めた。アフリカのリズムにフランスのワルツやマズルカ、スペインやアイルランドの民謡、さらには黒人の労働歌、カリプソ、ミンストレルなどが混じり合った不思議な音楽だった。それは宗教的でない音楽という意味でも新しかった。

南北戦争が終わると、南軍の兵士たちが使っていた管楽器やドラムが安く手に入った。また、アフリカからバンジョー、メキシコからギターが持ち込まれ、音楽は成長した。

こうした環境で、1865年ごろ黒人のブラスバンドが編成されたと考えられている。葬列を先導するシーンは特に有名だが、まさにあの音色が後に芸術へと進化するJazzの原石だったのだ。

MISSISSIPPI RIVER　11

20世紀前半

ミシシッピ川を遡って
Jazzはカルチャーになった

MUSIC TRAVELED FROM NEW ORLEANS TO CHICAGO

キング・オリバー・クレオールジャズ・
バンドは、当代一の人気を博した。

　19世紀に黒人のブラスバンドが生ま
れたとき、メンバーのほとんどはアマチ
ュアで、本業の合間に集まってはパレ
ードや広場での演奏をして小遣い稼ぎ
をしていたと考えられている。

　19世紀末になると、そのなかから次
第に演奏を専門にするプロが現れるよ
うになった。そのきっかけとなったの
が、ストーリービルだ。

　ストーリービルとは、わかりやすくい
えば合法的な遊郭地帯。1897年、クレオ
ールたちが住んだ高級住宅街、フレンチ
クォーターに隣接するように遊興地区
が作られた（25ページ参照）。そこには
たくさんのクラブやダンスホールがあ
り、Jazzマンたちは演奏の機会を増やし
ていったのだ。

　そのほかにも、ボードビリアンが出演
するシアター、ショップのオープニン
グ、政治活動の余興、ニューオリンズの
北にある湖畔のリゾートなど、演奏の
チャンスはいくらでもあった。

　この頃に演奏されていたのは、Jazzば
かりではなかった。弦楽器によるワル
ツやタンゴなども人気があった。要する
に街はさまざまな音楽で満ちあふれて

いたのだった。

　一説によると、Jazz（まだJazzという
言葉はなかったが）に似た音楽はほかの
街でも演奏されていたようだ。しかし、
ニューオリンズのJazzは特別だった。
最も優れていたのは、即興がある点だ
った。フロントラインによる即興演奏は
モダンで新しい音楽の可能性を秘めて
いた。

　なかでも特に人気があったのが、ジョ
ー・"キング"・オリバーだ。コルネット
のミュート奏法を考案し、作曲家とし
ての才能にもあふれていた。トロンボー
ンのキッド・オリーと組んだバンドは大
変な人気を博し、ニューオリンズの音楽
シーンを席巻したという。

　しかし、その頃、北部シカゴが商工業
の中心として発展、1900年には人口が
170万人に達する大都市になった。
1917年からはグレート・マイグレーシ
ョン（大移動）と呼ばれるほど、多くの
黒人が仕事を求めてシカゴを目指した。
プロを目指すJazzマンもその例外では
なかった。キング・オリバーのクレオー
ル・ジャズ・バンドもシカゴへと活躍の
場を移した。

1 アマチュアの集まりだったブラスバンドの奏者のなかには、音楽を本業にするプロが現れた。ダンスホールやリゾートではビッグバンドも編成された。**2, 3, 4** 衣装も整い、演奏も洗練されていった。このスタイルは、南部の Jazz という意味でディキシーランド Jazz と呼ばれるようになる。また、その頃大都市に成長したシカゴの音楽産業では、大きなチャンスが生まれようとしていた。

キング・オリバーとならぶニューオリンズのレジェンド、ジェリー・ロール・モートン。

MISSISSIPPI RIVER 13

Louis Armstrong

ニューオリンズの先輩、キッド・オーリーとのツーショット。キッドは歴史的名盤「ホット5」にも参加している。

口が大きいことから「カバンの口（Satchel Mouth）」、サッチモとあだ名がついた。

ニューオリンズが生んだレジェンド
ルイ・アームストロング
THE FATHER OF JAZZ

　1919年にニューオリンズからシカゴに移ったキング・オリバーの楽団は、すぐに高い評価を受け、「ロイヤルガーデンズ」「ドリームランド」などの一流クラブで演奏を行った。それほどにニューオリンズの音楽は先進的だったのだ。
　ちなみにJazzという言葉が生まれたのはこの頃だ。1916年、ステインズ・バンド・フロム・ディキシーというバンドがシカゴのクラブで演奏していたとき、客から「Jass！」という掛け声がかかった。もともとわいせつな意味を持つ言葉だったが、「これは面白い」とバンド名をステインズ・ディキシーランド・ジャス・バンドに変えたのだ。これが変化してJazzになったといわれている。
　1923年、オリバーは楽団のステップアップを狙って、ニューオリンズ時代の弟子を呼び寄せた。それがルイ・アームストロングだった。オリバーはルイをセカンド・コルネットとして雇うつもりだったが、この5年間にルイは格段に腕を上げていた。同年11月に行われたキング・オリバー・クレオール・ジャズ・バンドの初レコーディングでは、あまりにルイの音がきれいで大きかったため、

  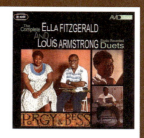

1	2	3
4	5	6
7		

1 Jazzの歴史を語るうえでもっとも重要なクインテット「ホット5」と、7人編成の「ホット7」が1枚になった完全盤。**2** トロンボーン奏者、ジャック・ティーガーデンなどのゲストを招き、「オールスターズ」と銘打ったライブ盤。**3** エラ・フィッツジェラルドと共演した「ポーギーとベス」。**4** ビートルズを1位から引きずり下ろしたことで知られる、1964年の大ヒット「ハロー・ドーリー」。**5** こちらは1950年録音のオールスターズ。**6**「セレナーデ」と題された名曲集。**7** オスカー・ピーターソン・カルテットにルイ・アームストロングが参加した1957年録音のアルバム。

　マイクから4メートルも離れて立たされたという逸話が残っている。横に並ぶとオリバーの音が聴こえなかったのだった。
　セカンドでは実力に見合った待遇が得られないことを悟ったルイは、翌年、ニューヨークに出てフレッチャー・ヘンダーソンのビッグバンドに参加する。当時のニューヨークには、まだ洗練されたバンドが存在せず、ヘンダーソンとルイのバンドは人気を独占した。
　しかし、ルイはすでにオリバーのバンドのピアニスト、リルと結婚しており、翌1925年にはシカゴに戻ってリルとともに自分のバンドを結成する。これが歴史に残るホット5だ。
　1928年録音の「ホット5」には、Jazzを芸術に進化させたと謳われる「ウエストエンド・ブルース」や、後に彼の代名詞となるスキャットが入る「ヒービー・ジービーズ」が収められている。
　1950年以降、「バラ色の人生」「キッス・オブ・ファイア」「ハロー・ドーリー」「この素晴らしき世界」などのヒットを飛ばし、世界的なスターの座へと上り詰めたのは周知のとおりだ。

1 Jazzの歴史に関する展示が充実。奥はコンゴ・スクエアのイラスト。 2 近代Jazzに関する展示もある。 3 このビルの1、2階がミュージアム。 4 ルイ・アームストロングが帰ってきた際のホームカミングの様子。誇らしい。 5 古い楽器の展示も多い。

Jazz誕生の歴史がわかるミュージアム
NEW ORLEANS JAZZ MUSEUM
ニューオリンズジャズ博物館

　フレンチクォーター北東の端、エスプラネード通りに面するレンガ建てのビルの1、2階に位置する。フレンチマーケットにも近いので、観光の際はぜひ立ち寄ってみたい。
　1階はJazzの歴史を学ぶことができる常設展示室。特にニューオリンズが主役であった18世紀の黒人ブラスバンドの時代から、現代Jazzの萌芽期までの展示は充実。Jazz発祥地としてのプライドがみなぎっている。
　2階の展示室では特別展が開かれる。訪れたときは、ドラムに関する特集が組まれていた。
　博物館では展示だけでなく教育プログラムやイベントも開催している。ホームページをチェックしよう。
　ニューオリンズには、そのほか「アフリカン・アメリカン・ミュージアム」「ルイジアナ州立博物館」など興味深い博物館がある。

Access
400 Esplanade Ave.New Orleans, LA
nolajazzmuseum.org
(504) 568-6993

1 コンゴ・スクエアにある群像のレリーフ。音楽とダンスが喜びだった時代だ。**2** 右手にハンカチを握るお馴染みの姿で直立するサッチモ像。**3** 公園の入り口では大きなアーチが観光客を迎えてくれる。

地元のヒーローを讃える公園
LOUIS ARMSTRONG PARK
ルイ・アームストロング・パーク

郷土の英雄、ルイ・アームストロングの名を冠した公園は、市街地の北西、ランパート・ストリート沿いに広がる。きれいに整備され、市民や観光客の憩いの場となっている。市内観光に疲れたら、ひと休みするのにうってつけだ。

公園のなかにはルイ・アームストロングの像やJazzの最初の姿、ブラスバンドによる行進を描いたレリーフ（10ページ）などがあり、目を楽しませてくれる。

しかし、歴史的に重要なのは、公園の南端にあるコンゴ・スクエアだ。18世紀から黒人たちが集まる広場として知られ、当初は「黒人の広場」と呼ばれていた。1817年にニューオリンズ市が、この広場では奴隷も日曜に限り集まって音楽やダンスを楽しんでいい、と定めてからは、さらににぎわうようになった。アフリカのビートで奏でる音楽やダンスは、Jazz誕生のエネルギーと考えられている。

今は、静かに散策する人が行き交うだけだが、当時のにぎわいを描いた群衆のレリーフが歴史的な価値を今に伝えている。

MISSISSIPPI RIVER **17**

カフェ・デュ・モンドから演奏を聴くのが醍醐味だ。

ニューオリンズは 今もジャズの街

NEW ORLEANS IS STILL OLD JAZZ CAPITAL

　街のいたるところで音楽が奏でられ、そこからJazzが生まれた。──そのニューオリンズの伝統は、今も健在だ。ストリートミュージックを楽しめる市内散歩にご案内しよう。

　スタートはニューオリンズのランドマークでもあるセント・ルイス大聖堂の前。ジャクソン・スクエアとの間の広場には、朝からブラスバンドが出て陽気な演奏を聴かせてくれる。伝統的なディキシーランド・ジャズを楽しもう。

　ジャクソン・スクエアを抜けて川沿いに出ると、ここでは個人ミュージシャンの演奏が聴ける。気に入った音楽があれば、足元のバケツへのチップを忘れずに。

　観光客が集まるカフェ・デュ・モンドの前での演奏も定番だ。お茶を楽しみながら音楽が聴けるのもいい。その北のフレンチマーケットでは、ところどころにステージが設置され、Jazzに限らずロック・バンドも出演している。買い物や食事をしながら耳を傾けたい。

　仕上げはバーボンストリートだ。軒を並べるライブハウスから生演奏が高らかに響き、にぎわいは深夜まで続く。気に入った店をはしごして楽しむのがこの街の流儀だ。

1 フレンチマーケットに設置されたステージでは、Jazzに限らずいろいろなジャンルの生演奏が楽しめる。気に入ったバンドを見つけよう。**2** やはりニューオリンズといえばホーンを中心としたディキシーランド・ジャズが定番だ。ディキシーとは南部の意味。**3** セント・ルイス大聖堂とジャクソン広場の間には、いつもバンドが出ている。街歩きはここからスタートするのがいい。**4** ひとりで演奏するストリート・ミュージシャンも。

MISSISSIPPI RIVER　**19**

バーボンストリートのにぎわいはすごい。でも、現在の主流は激しいロックだ。大音量のサウンドに疲れたら、クラシックなJazzが恋しくなる。

しかし、オーセンティックなJazzクラブは2軒しか残っていない。おすすめは、バーボンストリートとセント・ピーターストリートの角にあるメゾン・バーボンだ。この日の出演はリロイ・マーシャル・バンドだ。なんと日本人の奥さんがダンスで参加しているというサプライズ。ご機嫌なパフォーマンスを堪能した。

なお、1950年代に誕生したプリザベーションホールは、同じセント・ピーターストリートにあり入場料を取るコンサートホールになっている。

Access
641 Bourbon St. New Orleans, LA
www.maisonbourbon.com

バーボンストリートの老舗クラブ
MAISON BOURBON
DICATED TO THE PRESERVATION OF JAZZ

1 セント・ピーターストリートの角に位置する。有名な「プリザベーションホール」はすぐ近く。2 歴史を感じる店内。演奏が始まる前は静かだが、ライブ開始とともにお客さんでいっぱいになる。3 にぎやかなバーボンストリート。店内の演奏が外に響いている。4 この日の出演はリロイ・マーシャル・バンド。ノリのいい演奏を聴かせてくれた。5 注文はキャッシュオンデリバリー。6 日本人ダンサーはリロイの奥さん。

CREOLE & CAJUN

クレオールとケイジャン、何が違う？

　ニューオリンズを旅行していると、「クレオール」「ケイジャン」という言葉をよく耳にする。ガンボ、ジャンバラヤ、ポーボーイ、生牡蠣などはニューオリンズを代表するグルメだが、クレオール料理と紹介されたり、ケイジャン料理と書かれたりして紛らわしい。

　いったい、クレオールとケイジャンは何が違うのだろう？　これは多くの旅行者が抱く最初の疑問であり、実際、混同して使われている。

　クレオールとケイジャンは、どちらもフランスにルーツを持つ民族の名前だが、その歴史はまったく違う。まずは、それを確認しよう。

　16世紀にヨーロッパ諸国による帝国主義が起こり、フランスも世界に進出した。そのなかで17世紀に支配したのがカリブ海の西インド諸島やセネガルなど西アフリカだった。

　植民地化は北米大陸にも及び、フランスはまずカナダに入り、アメリカのミシシッピ川以西にも広大なルイジアナ植民地を持った（1699年）。そして、次第にニューオリンズは植民地をつなぐ重要な拠点へと成長していった。

　18世紀後半になると、フランス系の人々が西インド諸島やアフリカからニューオリンズへと移り始めた。距離的にも近く魅力的な新天地だったのだ。この人々がクレオールと呼ばれる人種だ。

　彼らは白人の父と黒人の母から生まれた混血だったが、身分的にも経済的にも裕福ないわばエリートだった。

　かたやケイジャンのルーツは貧しい人々だった。彼らはフランス中西部の片田舎から海を渡り、1604年にアカディア（現カナダのノバ・スコシア）という小さな地域に流れ着いた。しかし、イギリスとの100年にわたる紛争の末、すべての住人1万5000人が追放されてしまった。1755年のことだった。

　彼らはちりぢりになって北米各地に逃げたが、そのときたった20人が辿り着いたのがルイジアナの西部、現在のラファイエット周辺だった。彼らは家族や仲間を呼び寄せ、新しい入植地を作っていった。この貧しい入植者はアカディアンと呼ばれ、のちに現れるケイジャンの祖先となった。

現在、ルイジアナはアメリカ南部の小さな州に過ぎないが、フランスが植民地として統治していたときはミシシッピ川沿いの広大な地域だった。アメリカは1803年に1500万ドルという格安の値段で買収して領土を2倍にした。

イギリスとの戦争に敗れたアカディアンの一部は、スペイン人の領土だったルイジアナ西部へと逃れてきた。彼らがのちにケイジャンと呼ばれる人たちの祖先だ。

MISSISSIPPI RIVER 23

今、見ることができるフレンチクォーターのシンボルといえば、バルコニーの装飾だ。

クレオール
ニューオリンズの特異な文化を築いた特権階級、クレオール
CREOLE

1803年にアメリカがルイジアナをフランスから買収したとき、ニューオリンズに住んでいた1万人のほとんどはクレオールだった。肌の色は黒くても、フランス人の血が混じりフランス語を話すクレオールは、黒人を差別し特権階級を築いた。そして、19世紀後半にかけて豊かで華やかな文化を謳歌したのだった。なお、クレオールには南米経由でやってきたスペイン系も含まれることが重要だ。

ニューオリンズの街が栄えると、イギリス系の白人も増えてきた。英語を話すプロテスタントはクレオールにとって

19世紀半ば、マルディグラでは豪華なパレードが街を練り歩くようになった。

不愉快な存在だったが、追い返すわけにもいかない。そこで、逆に自分たちの居住区を限定することで防衛した。それがフレンチクォーターだった。そして、隣接する地区にストーリービルという遊興地区まで作ってしまった。

しかし、そんなクレオールの栄華も終わりを迎える。奴隷解放(1865年)によ

1,2 ローマンカトリックであることは、クレオールの重要な条件。セント・ルイス大聖堂はその象徴だ。**3** ルイジアナ博物館に展示されているマルディグラのパレード用の衣装。お祭りは、毎年、1月に行われる。**4** フレンチマーケットもクレオール文化の名残り。

って打撃を受けた南部の裕福な白人たちが同盟を組み、クレオールの特権を奪ってしまったのだ。クレオールたちは普通の黒人と同じ身分に成り下り、そのうち誰がクレオールなのかも曖昧になってしまった。

　クレオールの繁栄を今に伝えるお祭りが、毎年1月に行われるマルディグラだ。数千年前のローマに起源を持つ春を祝い豊作を祈念する宗教的フェスティバルで、マルディは火曜日、グラは太った（牛）を意味する。華やかに着飾って行うパレードはニューオリンズがもっともにぎわう数週間だ。

MISSISSIPPI RIVER　25

1899年に考案されたオイスター・ロックフェラー。同じレシピを堪能できる。

白ワイン、グリーンオニオンなどと一緒に焼いたオイスター・ビヤンヴィル。

クレオール料理
Antoine's Restaurant
アントワーヌズレストラン

クラシックな店内と行き届いたサーブは、正統派フレンチスタイル。

メキシコ湾で取れた新鮮な魚をローストしたアーモンドやバターで調理。

カニとハーブをサラダに仕立てたクラブミート・ラヴィゴテ。

クレオール
故郷フランスを偲ぶ

　クレオールはフランス人が植民地としていた西アフリカやカリブ海の国々を経てニューオリンズにやってきたエリートたち。クレオール料理は誇り高い故郷のフレンチを偲ばせる。

　本格的なクレオール料理なら、フレンチクォーターにあるアントワーヌズがおすすめだ。1840年創業というから、まさにクレオール文化の最盛期を知っている貴重な存在。『風と共に去りぬ』では、レットとスカーレットが新婚旅行でこのレストランを訪れ食事をするシーンが登場する。

　スペシャリテはオイスター・ロックフェラーだ。殻付きの牡蠣に緑色の野菜のソースをかけ、パン粉をまぶしてグリルした一品。エスカルゴが手に入らないことから、名産の牡蠣を使って再現したといわれている。リッチな味わいを当時の大富豪、ジョン・ロックフェラーになぞらえて命名したそうだ。

　そのほかにも、クラブやシュリンプなど海産物を使ったメニューが多くエレガントな料理を楽しむことができる。料理名やオリジナルのカクテルがフランス語の名前になっていることにもプライドが滲む。

Access
713 Saint Louis St.New Orleans,LA
https://antoines.com
(504) 581-4422

1 ヴァーミリオンヴィル・ヒストリック・ビレッジには、アカディアンたちが暮らした家が保存されている。2 生活ぶりは質素だった。

ケイジャン
故郷の生活を守り続けたアカディアンの末裔がケイジャン
CAJUN

　1764年に現カナダのアカディアからルイジアナ西部に逃れてきた人たちは、当時は単にアカディアンと呼ばれていた。彼らに住む土地を提供したのは、中南米から入ってきたスペイン系の入植者だった。徐々に人口が増えて食糧が足りなくなったため、農業や牧畜を行う人を求めていたのだった。
　しかし、アカディアンに農業や狩猟、魚の取り方など生きていく術を教えたのはネイティブたちだった。これはメイフラワー号でやってきたピルグリム・ファーザーに通じる。

　なんとか暮らしが成り立つと、ペンシルバニアやメリーランドなどに逃れていたアカディアンが噂を聞いて移り住んできた。また、1785年には1500人の入植者がフランス本土から新たにやってきた。人口は徐々に増え、なかにはサトウキビのプランテーションを成功させる者も出てきた。こうしてルイジアナ西部の湿地が多い地域は、アカディアンが多く住む土地になった。なお、言語はもちろんフランス語で黒人と混血することもなかった。
　現在、ルイジアナ州には3カ所のアカ

3 バイオリンやギターでフランスの伝統的な民謡を演奏する末裔たち。訪ねたのが日曜日で、ちょうど演奏会を聴くことができた。4 アカディアン・カルチャー・センターには、新天地を求めて彷徨った苦難の歴史が展示されている。5 音楽に合わせてフォークダンスを踊るのが楽しみだった。

ディアン・カルチャー・センターがあり、ラファイエットのセンターにはヴァーミリオンヴィル・ヒストリック・ビレッジが併設している。ここにはアカディアンが暮らした家や家具がそのまま残り、ほぼ自給自足による質素な生活ぶりを知ることができる。

　また、彼らの音楽は、Jazzとは似ても似つかないフランスの田舎の民族音楽で、ギターやアコーディオン、バイオリンの音色に合わせてフォークダンスを行うのが常だった。

　しかし、19世紀後半になると社会秩序が変わり始め、アカディアンと他人種の結婚も行われるようになった。そこで生まれた新しい人種がケイジャンと呼ばれた。つまり、アカディアンの祖先を持つ混血がケイジャンということになる。

　20世紀に入ってもしばらくは排他的な生活を守っていたが、1912年に英語教育を受け入れ、次第に近代的なアメリカ社会と融合していった。

Access
300 Fisher Rd. Lafayette, LA
bayouvermiliondistrict.org/Vermilionville/

MISSISSIPPI RIVER　29

フレンチマーケットのフードコート。気軽に楽しむのがいい。

ケイジャン料理
Louisiana's Soul Food
ルイジアナのソウルフード

1 ガンボはオクラやフィレ（でんぷんの一種）でとろみをつける。ガンボは西アフリカの言葉でオクラを表す。**2** ワニ肉を一口大にして揚げたバイツ。**3** ワニのソーセージとパプリカのジャンバラヤ。米飯はスペイン系の影響だ。

牡蠣をオーブンで調理した一品。ビールに合う！

市街地では豪華なポーボーイだが、片田舎のガソリンスタンドで正統派（？）を発見。

エトフィーはエビやザリガニなどのシーフードを煮込んだ料理。

ソウルフードになったケイジャン料理

　クレオール料理がフレンチにルーツを持つ高級料理だとすれば、ケイジャンはルイジアナに住む市民たちのソウルフードといえる。

　ハンク・ウイリアムズが作り、カーペンターズがヒットさせた「ジャンバラヤ」に歌われるジャンバラヤ、クローフィッシュパイ、ガンボは、ケイジャン料理の代表だ。ニューオリンズの市街地やフレンチマーケットを歩けば、気軽に楽しむことができる。

　使われる食材は、ザリガニ（クローフィッシュ）、エビ、ナマズ、牡蠣、ワニなど、ルイジアナのバイヨー（沼地）で取れるものばかり。しかし、ケイジャンの祖先であるアカディアンたちは、これらの食材をほとんど食べなかったというから面白い。また、米をよく使うのは、スペイン人の影響とされている。

　ガンボはザリガニやエビをセロリ、タマネギ、オクラなどと煮込み、ライスと一緒に食べる料理。鶏肉を使うチキンバージョンもある。

　ポーボーイ（Po'boy）はプア・ボーイを語源とする質素なサンドイッチだったはずだが、今は観光客向けに豪華な食材が使われている。ジャンバラヤはパエリアを再現した米料理だ。

　なお、クロコダイル（ワニ）はすべて野生で秋が旬だそうだ。グルメの方は覚えておくといいだろう。

世界に広まったルイジアナのスパイスソース
TABASCO® BRAND FACTORY TOUR & MUSEUM
タバスコ工場博物館

　日本では1970年代にアントニオ猪木さんのアントン・トレーディングが輸入販売していたためにブラジルの製品と誤解している人が多いが、タバスコ・ペッパー・ソースはルイジアナの特産品である。

　創業者のエドモンド・マキルヘニーはニューオリンズの銀行家だったが、かねてからおいしいペッパーソースがほしいと切望していた。あるときメキシコのタバスコ州に生育するチリ（トウガラシ）と出会い、理想のソースの試作を始めた。そして、ついにレシピを完成させると妻の家族が所有していたエイブリー・アイランドの土地に工場を建て、1868年、製品化を実現したのだった。

　なお、エイブリー・アイランドは島ではなく、ラファイエットから50キロほど

1 タバスコ誕生の歴史が分かりやすく展示されている。独特の瓶の形は、最初に香水の瓶に入れたことによる。 2 激辛のスコーピオン、甘辛のスウィート＆スパイシー、BBQに合うスモーキーなチポトルなどの定番商品。 3 T型フォードで営業していた時代もあった。 4 いろいろな国でのプロモーションも楽しい。現在は約200の国と地域に輸出されている。 5 レストランも雰囲気がいい。工場見学が終わったら、ひと休みしよう。 6 レンガ作りの工場。当時とほとんど変わらないレシピで生産しているそうだ。 7 オーク樽で3年間熟成させることで、あの独特のフレーバーが生まれる。 8 レストランでのマスト・アイテムは、このブラディマリー。アルコールも強いので運転する人は注意。

南の内陸にある。

　製法はシンプルだ。チリをすり潰してオーク樽に入れて発酵させ、エイブリー・アイラエンド特産の岩塩で密閉して3年間熟成させる。その後、穀物酢を加えて寝かせれば完成である。

　工場見学の後はレストランやギフトショップが楽しい。レストランでは創業者の夢に想いを馳せながら、タバスコがガッツリ利いた特製のブラディマリーを試してほしい。

市街地ではカラフルなホットソースが売られているが、純正品ではないので注意が必要。

Access
32 Wisteria Rd, Avery Island, LA
https://www.tabasco.com
(337) 373-6139

MISSISSIPPI RIVER 33

Chapter 2
MISSISSIPPI DELTA

34 撮影：宮澤佳久

ミシシッピ・デルタで
ブルースは生まれた

地平線まで続く真っ白な綿花畑。コットンの繊維は柔らかくきれいだが、ガクは刃物のように鋭く、触れる指を傷つける。黒人の小作農たちは、炎天下で綿花をひとつずつ摘む過酷な労働を強いられた。彼らの汗と涙と血から滲み出た音楽がデルタ・ブルースだ。やがて哀しい労働歌（ワークソング）はミシシッピ川を遡り、ロックンロールやソウルミュージックの礎となる。

どこまでも続く綿花畑

ミシシッピ川とヤズー川が作る
肥沃なデルタ地帯

THE MOTHER RIVER OF AMERICAN CULTURE

通常、デルタというと大河の河口にできる三角州を指す。メコン・デルタ、ナイル・デルタなどがその代表だ。

しかし、ミシシッピ・デルタというとそうではない。河口から500キロも上流のミシシッピ川とヤズー川に囲まれたラグビーボール状の土地を指す。南の先端がヴィクスバーグ、ほぼ中央にBBキングの故郷、インディアノーラ、北部中央に最大都市クラークスデイル。南北320キロ、東西112キロの肥沃なエリアだ。

なお、ミシシッピ川の河口にも三角州はあるが、これはミシシッピ・リバー・デルタと呼んで区別している。

ミシシッピ・デルタに綿花のプランテーションが作られたのは、18世紀末だった。19世紀前半、綿製品は当時のアメリカの主力輸出品となり、作れば作るほど儲かった。そのため、労働力として100万人もの黒人奴隷が連れてこられたのだった。

南北戦争が終わって解放された黒人たちは、まだ未開地として残っていた密林を開拓し独立農夫となった。しかし、白人が牛耳る市場で商売をするのは容易ではなかった。19世紀後半からは次第に土地を手放し、結局は小作人として雇われる身分に落ちていった。

綿摘みの仕事は100年前と同様につらかったが、彼らには歌を歌う自由はあった。綿花畑のなかから、自然発生的に労働歌が生まれた。

1901-2年に考古学研究のためデルタに滞在したハーバード大学のチャールズ・ピーボディは、「アメリカン・フォークロワ」誌に初めて聴く黒人労働歌（Negro Work Song）について記事を残している。このことからすでにブルースがよく歌われていたことが分かる。しかし、彼の記事には「ブルース」という言葉は登場していない。

1915年ごろから、磁石に吸い寄せられる砂鉄のように人々が北の大都市に移動。ブルースが音楽界で存在感を示すのは、1920年代後半になってから。ラジオとレコードの時代が訪れ、レジェンドたちが登場する。

ミシシッピ州は「ブルース・トレイル」と呼んで、歴史的なスポットの保存に力を入れている（https://msbluestrail.org）。ぼくたちもこのマップを元にブルースマンたちの足跡を追ってみたいと思う。

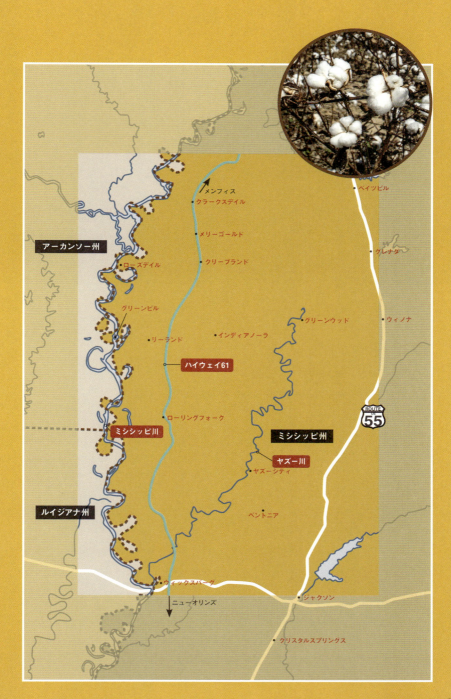

1

19世紀後半
綿花畑の労働歌として
ブルースは誕生
THE BLUES WAS BORN AS A WORK SONG IN THE COTTON FIELDS

　クラークスデイルのキャットヘッド・デルタブルース＆フォーク・アート（P55）のオーナーで、「Hidden History of Mississippi Delta Blues」の著者でもあるロジャー・ストールは「ブルース」という言葉には2つの意味があると書いている。ひとつは音楽の形式としてのブルース。もうひとつはミシシッピ・デルタの綿花プランテーションで働く労働者たちの生活＝歌である。

　住む家は与えられるが、家賃は稼ぎから天引きされる。基本的な食べ物と服は"前借り"だ。そんな悪条件を大前提に、摘んだ綿花の重さでわずかな賃金が支払われた。そうした万年貧乏の生活とそこから搾り出された音楽は切り離すことができないひとつの「ブルース」なのだった。18世紀末に誕生したブルースだが、一般の人が耳にするようになるのは1920年代後半からだ。それほどまでに閉鎖的な黒人世界だけの歌だった。

　ごく初期のブルースシンガーのひとり、チャーリー・パットンは1891年、12人兄弟の末っ子として生まれた。10代の頃からジューク・ジョイント（盛り場／ライブハウス）に出入りし、ギターの腕を磨いたとされている。

1 クラークスデイルのデルタブルース博物館に展示されているチャーリー・パットンに関する資料。2 ジューク・ジョイントでダンスに興じる黒人たち。3 綿花プランテーションでパットンと一緒に働いていたサン・ハウス。4 ふたりが働いていたドッカリー農場。広大な敷地内は、ひとつの町になっていた。5 炎天下での作業は過酷を極めた。

1930年、パットンは同じプランテーションで働いていたサン・ハウス、ウィリー・ブラウンとともに、借りたクルマでウイスコンシン州グラフトンのパラマウント・レコードへレコーディングに向かった。なぜウイスコンシンかといえば、パラマウントの親会社は家具メーカーで、当時、急速に普及した蓄音器のキャビネットを作るうちに、新規事業としてレコードレーベルに進出したからだ。

このときの「ポニー・ブルース」を含む20曲の録音は、デルタ・ブルースにとってエポックメイキングな出来事となった。1930年といえば、すでに黒人たちが北部の大都市で独自のマーケットを形成していた頃だった。また、78回転のレコードは極めて安価に作られた。黒人向けの音楽はレースレコード（人種音楽）と呼ばれ、一定の売り上げを見込める娯楽商品になりつつあった。

パラマウントも当初はポップミュージックのレーベルだったが、レースレコードに転換したという経緯があった。そのほかにもゲネット、ヴォカリオン、ビクターなど複数のレースレーベルが商機を狙っていた。

なお、チャーリー・パットンは荒れた生活がたたり1934年に43歳で亡くなった。最後にニューヨークで録音した「34ブルース」「オー・デス」も名曲として知られている。

MISSISSIPPI DELTA 39

今も残るコットン・プランテーション
ドッカリー農場
COTTON PLANTATION DOCKERY FARM

ミシシッピ・デルタに広がった綿花プランテーションという閉鎖された世界で、ブルースは生まれた。はたしてプランテーションとは、どんなところだったのだろう？ クリーブランドの近くに残るドッカリー農場は、当時のプランテーションの様子を知る格好のヘリテージだ。

ウィル・ドッカリーが密林を開拓し、100平方キロに及ぶ広大なプランテーションを開いたのは1895年。敷地内には教会、小学校、商店、病院、鉄道駅まであり、ひとつの町を形成していた。全盛時には400世帯の黒人小作人が暮らしていたという。

ドッカリー農場の住人には、チャーリー・パットン、サン・ハウス、ハウリン・ウルフ、ステイプル・シンガーズのポップス・ステイプルといった後の大物ブルースマンも含まれていた。彼らは綿

花畑で綿摘みをし、仕事の後に商店のポーチに集まっては演奏を披露し合っていた。また、オーナーが小作人たちのために開いたイベントでは、会場でテクニックを競う機会もあったようだ。

コットンは綿花と書くが、花ではなく繊維状の実である。したがって、なかに小さな種が入っている。この種をコットンから取り出すのが手間のかかる仕事だったが、コットン・ジンという機械が発明されて作業が軽減、プランテーション農業が可能になった。ドッカリー農場を訪ねると、貴重なコットン・ジンを間近に見ることもできる。

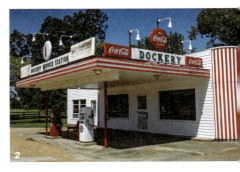

1 プランテーションの象徴的なヘリテージとして現存するドッカリー農場。**2** 通りに面して近年作られたガソリンスタンド（フェイク）。目印になる。**3,4,5** 綿花から種を取り出すコットン・ジンという機械。貴重なフィルムの上映もある。

Access
229 MS-8
Cleveland, MS

Robert Johnson

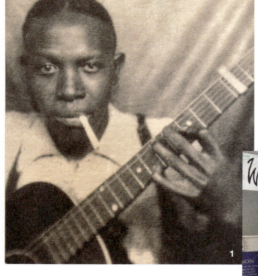

1 唯一といってもいい、残されている写真。あまりにパーソナル・データが少なく、謎めいている。2 貴重な資料が展示される。

クロスロード伝説
ロバート・ジョンソン
LEGENDARY BLUESMAN

　ロバート・ジョンソンほどミステリアスで魅力的なブルースマンはほかにいない。

　1930年、妻の出産が死産となり妻子を同時に亡くす不幸が彼を襲う。ロバートはそれから約1年間、姿をくらませた。

　彼が謎の失踪から戻ったとき仲間たちは一様に衝撃を受けた。ギターが見違えるほど上手くなっていたのだ。理由を聞かれると、彼は「クロスロードで悪魔に魂を売って、ギターの腕を手に入れた」と説明した。これが有名なクロスロード伝説である。

　デルタで名を上げると、彼はシカゴ、ニューヨーク、カナダにまで演奏旅行に出かけた。そして、1936年と37年にテキサスで29曲を録音した。残っている音源はそれがすべてである。

　翌年8月、あるジューク・ジョイントに出演している際、オーナーの妻と不倫関係になり怒った夫に毒入りウイスキーを飲まされてしまう。そして、3日間、苦しんだ末に死んでしまったのだった。そのとき、カーネギーホール出演の話が持ち上がっていたという。

3 ウォール・オブ・フェイムは、訪れたファンの寄せ書きで埋まっている。著名人のサインを探すのも楽しい。**4** 残された全29曲のタイトルがプリントされたTシャツ。**5** 博物館の外壁にはクロスロード伝説が描かれている。

ロバート・ジョンソンの墓

グリーンウッド郊外の教会の墓地にロバート・ジョンソンの墓がある。毒殺されたジューク・ジョイントは、この近くだった。

ROBERT JOHNSON BLUES MUSEUM
ロバート・ジョンソン博物館

Access
218 E Marion Ave, Crystal Springs, MS
www.robertjohnsonbluesfoundation.org
(601)613-0865

MISSISSIPPI DELTA 43

伝説のクロスロードは
どこにある？

WHERE THE REAL CROSSROADS LAY?

クラークスデイルを訪れる観光客からの質問で多いのは、次のふたつだそうだ。「どこでライブを聴けますか？」「本当のクロスロードはどこですか？」

実際、ハイウエイ61と49の交差点には、大きなクロスロードのモニュメントが立っている（55ページ）。しかし、これは見るからにチープな観光用。61と49はともに歴史上重要なハイウエイだが、旧道はここではなかった。それにロバート・ジョンソンの時代にエレクトリックギターがあるはずがない！

そもそもロバート本人が特定の地名を挙げていないのだから、「本物」を探すこと自体がナンセンスだ。

そこで、独自にクロスロードはこんなところだったのでは、という好奇心でクラークスデイル郊外を走ってみた。そして、見つけたのがこの十字路。収穫が終わった綿花畑の道が交わる荒涼とした風景だが、どうだろう？

クロスロード伝説が初めて語られたのは、1966年。サン・ハウスから聞いた話として、「ダウンビート」誌にピート・ウエルディングという人物のインタビューが掲載された。また、ウィリー・

　コフリーという幼馴染みの「オレもロバートから直接聞いたが、そのときは誰も相手にしなかった」というリアルな証言もある。
　しかし、伝説を一躍有名にしたのは、1969年、クリーム時代にエリック・クラプトンが「クロスロード」をカバーしたからだろう。その後、1986年にはウォルター・ヒル監督によって同名の映画も作られた。一方で、「アフリカに似た伝説がある」「ゲーテのファウストと同じ話」という懐疑的（？）な意見もある。はたして本物のクロスロードはどこにある？

ジューク・ジョイントと呼ばれるデルタのライブハウス
LIVE HOUSE IN THE DELTA CALLED A JUKE JOINT

ライブ演奏を聴ける施設をクラブ、ライブハウスなどと呼ぶが、
ミシシッピ・デルタではジューク・ジョイントという。今もブルースが聴けるスポットを紹介する。

シャック・アップ・インに隣接
HOPSON
ホプソン

クラークスデイル市内のジューク・ジョイントは週末営業だが、ここは月曜にライブを行う。元プランテーションで、56ページで紹介するシャック・アップ・インに隣接しているのもいい。ランチ営業もある。

Access
10 Commissary Circle Road
Clarksdale, MS
www.hopsonhospitality.com/
(615)691-3314

1948年オープン。全盛期を知る
BLUE FRONT CAFÉ
ブルー・フロント・カフェ

デルタ南部、ヤズーシティに近いベントニアにある。1948年オープン以来、オーナーを変えながら営業を続けている。店内は大きな改装もなく、当時の雰囲気をリアルに感じることができる。

Access
107 E Railroad Ave, Bentonia, MS
(662)528-1900

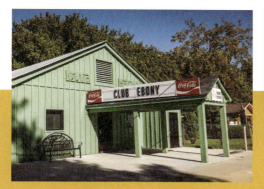

Access
404 Hanna Ave, Indianola, MS

BBキングが出演したクラブ
Club Ebony
クラブ・エボニー

インディアノーラを代表する老舗クラブ。有名アーティストが多数出演したほか、BBキングが帰郷コンサートを行った際はここに移動して深夜まで演奏した（写真右上）。

消えゆくヘリテージ

デルタのブルースシーンの全盛期から100年以上が経ち、消えていくヘリテージも多い。メリゴールドのポ・モンキーズ・ラウンジは綿花畑のなかにポツンと建つ有名なジューク・ジョイントだったが、取材で訪れた際は廃墟になっていた。時間は残酷だ。

ブルース・オンリー。デルタらしいジョイント
Red's Lounge
レッズ・ラウンジ

Access
395 Sunflower Ave. Clarksdale, MS
(662)627-3166

ロックやラップの出演は一切なし。純粋にブルースだけが聴ける、もっともデルタらしいジューク・ジョイントだ。かつて楽器やレコードを販売していたラヴィーンズ・ミュージックセンターの歴史的ビルも雰囲気満点。

MISSISSIPPI DELTA   47

ブルースマンは北を目指す
ハイウエイ61と大移動

HIGHWAY61 LED THE MESSAGE TO THE NORTH

南部に住む黒人たちの北部工業都市へ
の大移動（Great Migration）は、1915年
ごろから始まり、1917年に本格化した。
それを助長したのが1927年に起きたミ
シシッピ大洪水だった。グリーンビル
の堤防が決壊して真っ平なデルタは広
い地域が水没、綿花畑は甚大な被害を
受けた。泥だらけになった畑を復旧す
るより、賃金のいいシカゴに職を求めた
のは当然だろう。

　ある調べによると、1920年代に移っ
た黒人は77万3400人、30年代は大恐慌

の影響で半減したが、40年代は159万
7000人とピークに達した。これはミシ
シッピに住んでいた黒人の4分の1に
当たるという。

　北部に移った人々のなかにはブルー
スマンも含まれていた。これが閉鎖的
だったデルタ・ブルースを世に広める
きっかけになった。「差別がブルースを
生み、大移動がメッセージを広めた
（Segregation created blues, Migration
spread message）」という言葉が残る。

　では、人々はどうやって移動したの

だろう。19世紀に開通した鉄道、蒸気船も利用されたが、大きかったのは自動車の発達だ。1908年に発売され1500万台という大ヒットになったT型フォードは長距離移動には向かなかった。それが1920年代に入り、時速100キロ近く出る8気筒、12気筒の高性能車が登場したのだ。さらに道路も高速走行に合わせて整備された。なかでもニューオリンズ、デルタ、メンフィス、セント・ルイスを結ぶハイウエイ61は、ブルース街道と呼ばれるほど重要なハイウエイになった。

デルタで活躍したレジェンドたち
DELTA LEGENDS

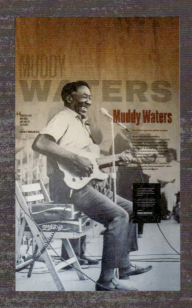

シカゴ・ブルースを生んだ男
MUDDY WATERS
マディ・ウォーターズ

クラークスデイル郊外のプランテーションで育つ。34歳のとき、エレクトリックギターに出会いシカゴブルースを確立する。ロック、ソウルに多大な影響を与えた。ブルース界の巨人だ。

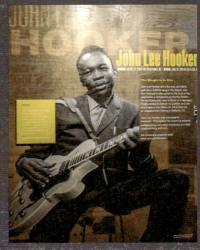

キング・オブ・ブギの異名を持つ天才
JOHN LEE HOOKER
ジョン・リー・フッカー

クラークスデイル生まれ。独特なリズムのブギを得意とした。1949年に「ブギー・チレン」がヒットして名を上げた。映画「ブルース・ブラザース」に出演したことでも知られる。

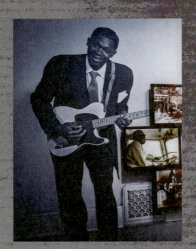

ブルースをメジャーにした立役者
BB KING
BBキング

1943年にメンフィスに移り、ラジオのDJからチャンスを掴む。ブルースの暗いイメージを打ち破り、白人層にファンを増やした。エリック・クラプトンとの共演も光る。

君臨したブルースの女王
Bessie Smith
ベッシー・スミス

1920年代から絶大な人気を誇った女性シンガーのパイオニア。独特の歌声はビリー・ホリデー、ジャニス・ジョプリンらに影響を与えた。1937年、人気絶頂期に事故死。

ドッカリー出身のパイオニア
Son House
サン・ハウス

チャーリー・パットンとともにドッカリー農場で働き、1930年のパラマウント・レコードの歴史的セッションにも参加。一時引退したが、1964年に再起しスライドギターで名声を得た。

ゴスペルからブルースへ
Blind Lemon Jefferson
ブラインド・レモン・ジェファーソン

生まれながらの盲目だったことが芸名の由来となった。1920年代にミシシッピを旅しながらゴスペルを歌った。のちにシカゴに出て「マッチボックス・ブルース」などをヒットさせるが、1929年、36歳のときに謎の死を遂げる。ボブ・ディランが彼の作品をカバーしている。

1 ミュージアムの正面に立つギターの裏面。**2** レコードジャケットをずらりと展示したディスコグラフィーのコーナーもある。**3** 展示はどれも充実している。**4** BBのトレードマークともいえる"ルシール"ことギブソンES-125とステージ衣装。ファン垂涎の一品。

BBの功績を讃えるミュージアム

BB KING MUSEUM AND DELTA INTERPRETIVE CENTER

BBキング博物館

2008年9月に開館したBBキング博物館は、インディアノーラのダウンタウンからクルマで10分ほどのところ。博物館はBBがトラクター運転手として働いていたプランテーションのコットン・ジン（綿から種を取る機械）があった建物を改装して作られた。博物館にはその一部も保存されている。

BBキングこと、ライリー・B・キングは1925年、インディアノーラの20キロほど東のミシシッピ州イッタベーナで生まれ育った。しかし、BBはインディアノーラを故郷として愛し、市民も彼を郷土の英雄として讃えた。その様子はシアターで最初に見るドキュメントフィルムにしっかりと描かれている。

展示ギャラリーは、BBの楽器やステージ衣装、メモラビリア、関係者たちの貴重なインタビュー映像、年表、ディスコグラフィー、ツアー用のバスやBBK_1

5 スタジオでの姿をフィーチュア。アート作品のようだ。6 葬儀の際にメンフィスのビール・ストリートに詰めかけた群衆。多くの人に愛されたミュージシャンだった。7 BBが所有していたロールスロイス。成功の証だ。8 ミュージアムに入ると、著名人から寄せられたメッセージが掲げられていた。9 ビール・ストリートに設置されたボードにファンたちがお別れの言葉を書く様子。10 来日コンサートの模様も展示されていた。

のプレートがついたロールスロイスなど、見どころたっぷりだ。

また、人種隔離を認めたジム・クロウ法との戦い、人権運動にスポットを当てた点も印象深い。ミュージアムをひと回りしたときには、誰もがBBのファンになっていること間違いない。

BBキングは晩年、ラスベガスに住んだが、2015年に亡くなった際には、チャンスをつかんだ思い出の街、メンフィスからインディアノーラまで、白馬の先導で葬列が進んだ。そして、ミュージアム近くに準備されていた土地に埋葬されたのだった。

Access
400 Second St, Indianola, MS
www.bbkingmuseum.org
(662)887-9631

MISSISSIPPI DELTA 53

今も昔もミシシッピ・デルタの中心地
クラークスデイル
CLARKSDALE, THE HEART OF THE MISSISSIPPI DELTA

もっとも歴史がある博物館
DELTA BLUES MUSEUM
デルタブルース・ミュージアム

Access
#1 Blues Alley Lane
Clarksdale, MS
www.deltabluesmuseum.org

クラークスデイル観光の中心はこの博物館。1979年の開館以来、充実した展示でデルタブルースの歴史を支えている。また、屋外のステージではライブ・イベントも行われるのでスケジュールをチェックしたい。

現代のブルースシーンがわかる
GROUND ZERO BLUES CLUB
グラウンド・ゼロ・ブルース・クラブ

2001年に俳優のモーガン・フリーマンらが作ったジューク・ジョイント（ライブハウス）。クラークスデイルのランドマークだ。ライブは水曜から土曜まで行われる。現代のブルースマンの躍動する姿を見ることができる。

Access
87 Delta Ave.
Clarksdale, MS
www.groundzerobluesclub.com
(662) 621-9009

悪魔に魂を売り渡した現場?
The Crossroads Monument
クロスロード・モニュメント

ロバート・ジョンソンがギターのテクニックと引き換えに魂を売り渡した……。あの有名な伝説の現場とされるのが、ハイウエイ 61 と 49 の交差点だ。近辺には、「クロスロード・キャットフィッシュ」など、あやかり商法の店が並んでいる。とりあえず行ってみよう!

ベッシー・スミスが亡くなった場所
Riverside Hotel
リバーサイド・ホテル

1937 年、ベッシー・スミスはメンフィスからクラークスデイルに向かっている途中に自動車事故にあった。救急車が駆けつけたが、白人の病院は診療を拒否。黒人用の病院に搬送されたが、そこで亡くなった。病院は 1944 年にホテルに改装された。現在は営業していない。

Access
615 Sunflower Ave, Clarksdale, MS

バーボンストリートの老舗クラブ
Delta Blues Alley Cafe
デルタブルース・アレイ・カフェ

グラウンド・ゼロの向かい、ひときわ目立つペイントのローライダーが目印。南部料理を食べながらライブを聴くのもいい。主催イベントも要チェック。

Access
352 Delta Ave, Clarksdale, MS
(662) 621-2221

情報が集まるメインストリート
Cat Head Delta Blues & Folk Art
キャットヘッド・デルタブルース&フォーク・アート

クラークスデイルのメインストリートにあるショップ。レコードやお土産物を販売している。オーナーのロジャー・ストールは「ブルース・レビュー」誌にコラムを書き、ラジオ DJ も勤める。まずは寄って最新情報を集めよう。

Access
252 Delta Ave. Clarksdale, MS
www.cathead.biz
(662)624-5992

Mississippi Delta 55

ブルース巡礼の旅に出るなら、必ず泊まってほしい宿がある。クラークスデイルの市街地から5キロほど南にあるシャック・アップ・インだ。
　この宿は黒人の小作人たちが住んでいた家がそのまま保存され、宿泊施設に改造されたリビング・ヘリテージ。シャック（shack）とは「みすぼらしい小屋」という意味だ。

あたりには綿花畑が広がり、夕陽が大地に落ちる風景は哀愁を誘う。しかもハイウエイ61がすぐ近くを走っている絶好のロケーション。フロントのある建物にはジューク・ジョイントがあるが（取材時は営業休止中）、ここにはかつてコットン・ジンが設置されていたという。まさに完璧に綿花プランテーションが再現されているのだ。

プランテーションを体感できる宿
SHACK UP INN
シャック・アップ・イン

さらに、プランテーションの母屋だった建物には名前もそのままにホプソンというジューク・ジョイントが隣接している（46ページ）。

肝心の宿はきれいにリノベーションされているので心配は無用。旅行する人数によって、部屋を選ぶといいだろう。朝、綿花畑を散歩してコットンを手に取ってみることをおすすめしたい。

Access
001 Commissary Circle
Clarksdale, MS
www.shackupinn.com
(662)624-8329

1 黒人の小作人たちが住んでいた小屋がゲストルームに改装され、点々と並んでいる。あたりは一面の綿花畑だ。 **2** 常連客がキープしているというギター。部屋で一曲奏でれば、気分はマディ・ウォーターズ？ **3** ロビーの隣のスペースはアンティークで装飾されている。現在は営業休止中。 **4** 南部らしいポーチのある部屋。ホームページで気に入った部屋を見つけよう。 **5, 6** 部屋のなかはきれいにリノベーションされていて、快適な宿泊が可能だ。

MISSISSIPPI DELTA 57

ミシシッピ名物、ナマズ料理専門店

The Crown
ザ・クラウン

ダウンタウンにある洗練された店構えのザ・クラウン。食材などを販売するコーナーもある。

1 キャットフィッシュ・ポーボーイ。揚げたナマズに特製ソースをかけ、フレンチブレッドではさんだ定番メニュー。**2** クレオール・キャットフィッシュ・ケーキは、クラブケーキのナマズ版。**3** ナマズのフィレをフライパンでソテーし、バターソースで仕上げた一品。

グリルされたチキンやコーン、ブラックビーンのサウスウエスト・サラダ。

スペシャリテのキャットフィッシュ・アリソン。ナマズの印象が変わる。

エレガントに調理されたスペシャリテ

　かつては綿花畑一色だったデルタだが、現在は徐々に収益性の高い作物に取って代わられている。コメ、マメ、トウモロコシなどである。そのなかで増えているのがナマズの養殖場だという。ナマズはミシシッピ州を代表する食材だが、日本人をはじめ観光客には泥臭いのでは、という心配があった。その懸念を払拭したのが高度な養殖技術で、今ではおいしい白身が提供されている。

　しかし、ナマズ料理といってもフライにするのがほとんど。小さくカットしてビールのつまみにするバイツや、パンにはさんだキャットフィッシュ・ポーボーイは、デルタの定番メニューといえる。

　ところが、インディアノーラのダウンタウンに「ザ・クラウン」という専門料理店があると聞いて行ってみた。ポーチしたナマズをパルメザンチーズ、グリーンオニオンなどで仕上げたキャットフィッシュ・アリソンなど、エレガントな魚料理が味わえた。BBキング博物館のついでに寄ってみよう。

Access
112 Front Ave, Indianola, MS
(662)887-4522

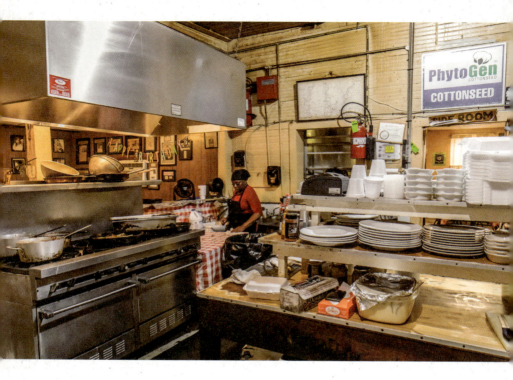

南部の歴史とともに歩んできたレストラン
Doe's Eat Place
ドーズ・イート・プレイス

1 なんとも居心地のいい食堂風の客席。このほかにも部屋があり席数は多いが、夕方には満席になる。**2** 客席に行くにはキッチンを通り抜けていく。**3** 特製のソースで調理したシュリンプ。スパイスが利いて美味！

壁に貼られた思い出の写真が歴史を感じさせる。

名物、ホットタマーレ。ミシシッピを代表する食べ物だ。

おもてなし感いっぱいの分厚いステーキ。いただきます！

南部のホスピタリティを堪能する

　グリーンビルにあるドーズ・イート・プレイスは南部のホスピタリティを存分に味わえるレストランだ。

　このレストランの歴史が面白い。中国系のBig Doe一家はサンフランシスコからミシシッピに流れ着き、この地で「パパズ・ストア」という雑貨屋を始めた。綿花産業全盛期で店は繁盛した。しかし、1927年のミシシッピ大洪水で全壊。それをきっかけに密造酒の世界に入り、T型フォードを使って商売を広げた。そして、1941年、稼いだ資金で南部名物、ホットタマーレの専門レストランを開業したのだった。

　現在、Big Doeの子孫がレストランを引き継いでいるが、店の中央にあるキッチンには1940年当時の面影が残る。

　なお、ホットタマーレとは、コーンミールとひき肉をこね、トウモロコシの薄皮で巻いて蒸した料理。ドーズでは煮込んで調理している。メニューはホットタマーレと分厚いステーキ、そしてシュリンプ料理のみ。メニューは少ないが、いつも常連でいっぱいだ。

Access
502 Nelson St, Greenville, MS
www.doeseatplace.com
(662)334-3315

ルイジアナ»»»ミシシッピ
Deep South

Chapter 3
MEMPHIS

観光客でにぎわうビール・ストリート。

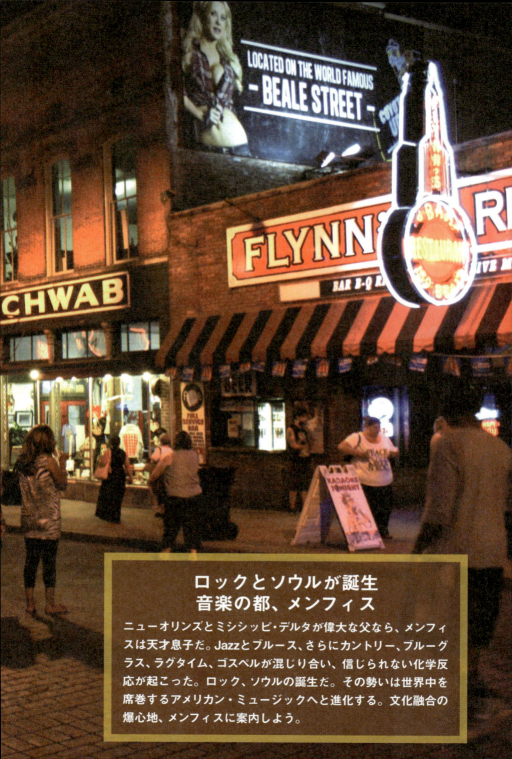

ロックとソウルが誕生
音楽の都、メンフィス

ニューオリンズとミシシッピ・デルタが偉大な父なら、メンフィスは天才息子だ。Jazzとブルース、さらにカントリー、ブルーグラス、ラグタイム、ゴスペルが混じり合い、信じられない化学反応が起こった。ロック、ソウルの誕生だ。その勢いは世界中を席巻するアメリカン・ミュージックへと進化する。文化融合の爆心地、メンフィスに案内しよう。

音楽のスクランブル交差点
メンフィス

MUSIC CROSSROADS IN 1940

　1910年代後半に始まった黒人たちの大移動については、48ページにくわしく書いた。それは綿花畑での過酷な労働を後にし、北部の大都市に夢を求める賭けでもあった。同じような人口移動は、終戦後の日本にもあった。東京や大阪に出て夢を叶えた人もいれば、夢破れた人もいた。

　南部からの人口移動によって、Jazzやブルースもミシシッピ川沿いに北上した。最初に出会った大都市がメンフィスだった。

　メンフィスにやってきた音楽はJazzとブルースだけではなかった。東からはカントリーやブルーグラスが入ってきた。アパラチア山脈周辺に入植していたスコッチ・アイリッシュが、独自の音楽を携えて大都市に流入してきたのだ。それは南部の黒人たちの行動と同じ図式だった。

　1920〜30年ごろ、ゴスペルはプロテスタントの黒人教会において、神を讃える音楽として発生した。

　プロテスタントということは、カトリック系のニューオリンズではなく、アングロ・サクソンの影響下にあったケンタッキー州やミシシッピ州が中心だった。

　さらにミズーリ州からはラグタイムが入ってきた。少々意外だが、ラグタイムの誕生は19世紀末とかなり早い。代表的な作曲家スコット・ジョプリンの活躍は20世紀初頭で、1917年には亡くなっている。各地の音楽に影響を与えたことは間違いない。

　Jazz、ブルース、カントリー、ブルーグラス、ゴスペル、ラグタイム……。こうした生きのいい音楽が集まるスクランブル交差点がメンフィスだった。ミュージシャンたちは互いに影響を与え合い、リスペクトしつつ新しい音楽を作り出していったのだった。

　そして、メンフィスで生まれたのが、ロックンロール、リズム＆ブルース、そしてソウルミュージックだった。

　時代も音楽革命を後押しした。1930年代は世界恐慌のため経済が大きな打撃を受けたが、1940年代には復活。ラジオやレコードが魅力的な娯楽として一般的家庭に広がっていった。ヒットソングが生まれ、スーパースターが躍動したのだった。

ゴスペルを生んだ教会

ミシシッピ州ダンカンにあったフーパー・チャペルはアフリカ系メソジスト教会。初期のゴスペルが歌われた黒人教会のひとつと考えられている。メンフィスから160キロ、ハイウエイ61沿いにあった。

エルビスが夢をつかんだ街

THE CITY WHERE ELVIS ACHIEVED HIS DREAM

　エルビス・アーロン・プレスリーは1935年にミシシッピ州テュペロに生まれた。テュペロは鉄道が通る交通の要衝で、19世紀から産業が栄えた。しかし、エルビスが住む地域は黒人が多い貧しい地域だった。

　11歳の誕生日にエルビスは母親に何が欲しいか尋ねられ、ライフルか自転車と答えた。しかし、母親は逡巡した末、ギターを買い与えた。

　ときは1946年、カッコいい黒人音楽がラジオから流れていた。これがキング・オブ・ロックンロール誕生の第1章だった。

　13歳のときに家族とともにメンフィスに引っ越したが生活は相変わらず貧しく、エルビスはますます黒人音楽に傾倒していった。

　トラック運転手をしていた1953年、エルビスはサン・スタジオでレコードを録音した。当時は、安価に自分のレコードを作るのが流行していたのだった。このときにエルビスが払ったのは4ドルと伝えられている。そして、それをきっかけにエルビスはサン・スタジオに出入りするようになる。

　そして、1954年、突然、スタジオで歌い出した「ザッツ・オーライト」がオーナー、サム・フィリップスの目に止まり、その場で録音、あれよあれよという間にレコードデビューが実現したのだった。エルビスの才能もさることながら、その時代のメンフィスだからこそ叶ったサクセス・ストーリーだった。いろいろな音楽の要素が混ざったエルビスのサウンドが、あっという間に世界中の若者を虜にしたのは周知のとおりだ。

　その後、スーパースターになってからも、テュペロの貧しい地域、そして夢をつかんだメンフィスを彼が忘れることはなかった。

1 11歳の誕生日にギターを与えられた少年と、ビッグになってからのエルビス像。
2 サン・スタジオのロゴ。

his
ue of
of one of
flowing,
of his
of his life.

Elvis became a larg
personality with a
influence on mu
he always mair
spirit in keepi
in East Tupe

1 エルビス本人の希望によって保存される生家。2,3 部屋はダイニングキッチンとベッドルームのみ。灯りは裸電球が下がるだけだった。4 現在、プレスリー博物館となって一般公開されている。

エルビスが生まれた家
Elvis Presley Birthplace

　ミシシッピ州テュペロの貧しい地域にエルビスの生家はある。大工だった父ヴァーノンが自分で建てた家で、部屋は裸電球が下がる寝室とダイニングのみ。病院に行く金もなく、エルビスはまさにこのベッドで生まれた。このとき生まれた双子の兄、ジェシーは死産だった。

　エルビスの家から5キロほど西にあるダウンタウンとの落差は残酷だ。鉄道が通り、19世紀から交通の要衝として栄えた町はクリーンで豊かだ。それに対して、小さな川と鉄路によって線引きされたイースト・テュペロは、今でこそ幹線道路に店が並ぶが、当時は黒人が多く住む貧困地区だった。

　レコードデビューの3年後、エルビスは里帰りコンサートを行い、生家の保存と貧しい子どもたちのための教育センター建設に多額の寄付をした。彼にとって生家は、成功への爆発力となる少年時代の鬱屈の象徴だったのだ。

　センターは1982年にエルビス・プレスリー博物館に改修され、多くの資料が展示されている。また、周囲はよく整備された公園になっていて、気持ちのいい散策ができる。

Acsess
306 Elvis Presley Drive, Tupelo, MS
www.elvispresleybirthplace.com
(662)841-1245

天才を見出した
レコーディング・スタジオ
SUN STUDIO
サン・スタジオ

1950年にオープンしたレコーディングスタジオ。エルビスを見出したことで有名だが、BBキング、ジョニー・キャッシュなども録音を行った。メンフィスの観光名所のひとつで、いつも多くの人が訪れている。

Access
706 Union Ave, Memphis, TN
www.sunstudio.com
(901)521-0664

スターが住んだ豪邸
GRACELAND
グレースランド

ダウンタウンから約20キロ、5.6ヘクタールという広大な土地に立つ23部屋の豪邸。邸宅の一部を見学できるツアーが人気だ。愛車のキャディラックはもちろん、自家用機も展示されている。エルビスは死後、ここに埋葬された。まさに聖地である。

Access
3734 Elvis Presley Blvd, Memphis, TN
www.graceland.com

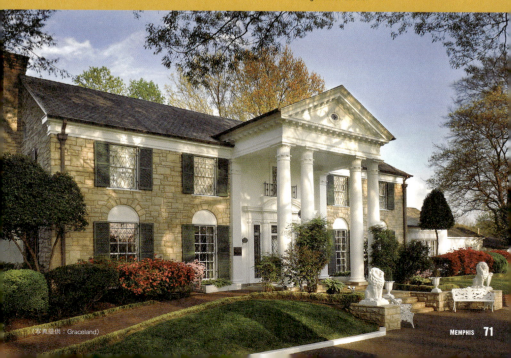

(写真提供：Graceland)

ソウル、R&Bの聖地
STAX RECORDS
スタックス・レコード

　黒人たちの大移動が本格化した1940〜50年代は音楽の化学反応が本格化した時代だった。この時期にさまざまな音楽用語が世に出ている。

　1947年にはリズム＆ブルースがビルボード誌のジャンル名に正式採用された。ロックンロールは、1951年、クリーブランドのDJ、アラン・フリードが初めて使ったというのが通説だ。元はわいせつな言葉が「カッコいい」を表すようになった。日本語の「ヤバイ」のようなものだろう。

　そのほか、ロックとヒルビリー（カントリー）が合体したロカビリー、ビッグバンド・ジャズの影響を受けたジャンプブルースも市民権を得た。1960年代に入るとソウルが受け入れられ、ホーンとビートがさらに利いたファンクも登場。黒人音楽の原石が才能ある人々に磨かれ、白人をも魅了する洗練された音楽に脱皮した時代だった。

　このような状況の下、1957年、メンフィスに誕生したのがスタックス・レコード（前身はサテライト・レコード）だった。スタックスはブッカー・T&ザ・MG's という白人と黒人混合の素晴らしいバックバンドを擁して時代をリードしていく。

　スタックスが生んだ最高傑作がオーティス・レディングだ。「アイ・キャント・ターン・ユー・ルーズ」「トライ・ア・リトル・テンダネス」で独自のソウル世界を創造し、1967年に「ザ・ドック・オブ・ザ・ベイ」を録音した。しかし、レコーディングの3日後に飛行機事故で他界してしまった。現在、スタジオはスタックス・アメリカンソウル博物館として多くの人を迎えている。

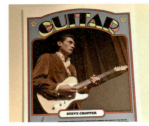 

ザ・MG's のギター、スティーブ・クロッパー（左）とソウルのスーパースターの活躍を伝える展示。

スタックスを代表するシンガー、オーティス・レディング。多大な影響力があった。

アレサ・フランクリンの家

スタックス・アメリカンソウル博物館から、クルマでわずか5分のところにアレサ・フランクリンの生家がある。目を疑うほど小さな家で、ここからあのソウルの女王が出たかと思うと感慨深い。ファンによる供物も心を打つ。

STAX MUSEUM OF AMERICAN SOUL MUSIC

スタックス・アメリカンソウル博物館

Access
www.staxmuseum.org
926 E. McLemore Ave, Memphis, TN
(888)942-7685

黒人音楽が開花！
ソウル界のビッグスター

SOUL'S BIG STAR

レディ・ソウルの異名を持つヒロイン
ARETHA FRANKLIN
アレサ・フランクリン

父は牧師、母はゴスペルシンガーだった。デビューは1961年。1967年にアトランティック・レコードに移籍してから持ち前のソウルフルな歌唱力を前面に出してブレーク。以降、オーティス・レディングと並ぶソウルのアイコンとなる。

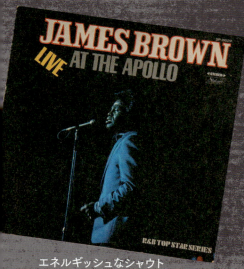

エネルギッシュなシャウト
JAMES BROWN
ジェイムス・ブラウン

JBの愛称で知られるゴッドファーザー・オブ・ソウル。父親はネイティブ・アメリカン。1956年、ゴスペルグループでデビューを果たし、その後エネルギッシュなシャウト唱法で独自の世界を創った。

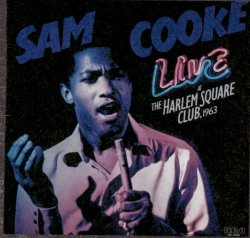

スタイリッシュな歌声で魅了
SAM COOKE
サム・クック

1957年、デビュー曲「ユー・センド・ミー」がいきなりヒット。甘い歌声とルックスで白人層にもアピールした。1964年の「ア・チェンジ・イズ・ゴナ・カム」は公民権運動への関わりを示す一曲。

天才的な盲目のヒットメーカー
RAY CHARLES
レイ・チャールズ

幼少期からクラシックピアノを習い、音楽の才能を伸ばした。1960年のヒット曲「我が心のジョージア」はアメリカン・ミュージックの金字塔。ポピュラーソングをソウルにアレンジする能力にも長けていた。

親子で奏でた美しいハーモニー
STAPLE SINGERS
ステイプル・シンガーズ

ローバック"ポップス"ステイプルと3人の娘によるソウル、ゴスペル・グループ。当初は教会で歌っていた。レコードデビューは1953年。2000年にポップスが亡くなるまで活動を続けた。ザ・バンドの「ラスト・ワルツ」の出演も光る。

「ソウル・マン」のヒットが輝く
SAM & DAVE
サム&デイヴ

スタックス・レコードにおいてオーティスと並ぶ人気を誇った男性ソウル・デュオ。ダブル・ダイナマイトの異名をとった。1967年の「ソウル・マン」が最大のヒットとなった。

ソウルフルな夫婦デュオ
IKE & TINA TURNER
アイク&ティナ・ターナー

アイク・ターナーとティナの夫婦デュオ。1960年のデビュー以来、エモーショナルなステージが人気を博した。1976年にアイクのDVが原因で解散。ティナはソロ・シンガーとしても輝かしいキャリアを築いた。

ラジオDJとして
チャンスをつかんだBBキング
BB KING SEIZES THE OPPORTUNITY AS A RADIO DJ

　1925年に生まれたライリー・B・キングは、1943年、インディアノーラからメンフィスに移った。しかし、メンフィスでの暮らしは容易ではなく、すぐに故郷に戻ってしまう。そこで待っていたのは綿花プランテーションのトラクター運転手の仕事だったが、そこで稼ぐ週給22.5ドルのほうがマシだったのである。

　当時、人気のラジオ番組はアーカンソー州ヘレナのKFFAが放送していた「キング・ビスケット・タイム」というブルースショーだった。特にDJを担当していたブルースシンガーのサニー・ボーイ・ウイリアムソンはライリーのお気に入りだった。

　1948年、メンフィスに戻ったライリーはビール・ストリートにあるラジオ局WDIAでサニー・ボーイのオーディションを受けるチャンスを得る。そして、あの張りのある声が認められて、見事にDJの座を射止めたのだった。

　彼のDJは人気を集め、リスナーから親しみを込めて「ビール・ストリート・ボーイ」あるいは「ビール・ストリート・ブルース・ボーイ」と呼ばれるようになった。それがBBキングと名乗るきっかけだった。

　翌1949年、BBは後にエルビスを発掘するサム・フィリップの下でデビューシングルを録音。これは不発に終わったが、1951年に発売した「スリー・オクロック・ブルース」がスマッシュヒットとなり、ブルースマンとしての道を拓いた。

　頻繁にステージに上がるようになっても、BBはしばらくメンフィスに住み続け、ビール・ストリート・ボーイであり続けた。

BBキングがDJの仕事を得たラジオ局WDIAは、今も放送を続けている。
https://mywdia.iheart.com

1 張りのある歌声とギターのチョーキングがファン層を広げた。**2** デビュー当時のBB。まだ初々しい。**3** バンド・メンバーがツアーに使ったバス。全米の街を演奏して回った。**4** WDIAで実際に使用していたターンテーブル。**5** BB関連グッズは、多く保存されている。

MEMPHIS 77

ラジオとレコードと
モータリゼーション
RADIO, RECORDS AND MOTORIZATION

写真や資料がほとんど残されていないロバート・ジョンソンが、愛車の1934年ハドソン（？）とともに描かれた貴重な絵。テキサスやカナダに行った記録があるが、このクルマで行ったのだろう。ブルースマンにとって自動車は高価過ぎるイメージがあるが、この時代には手に入る価格だったようだ。

　音楽に限らず、文化やトレンドが広まるには素早い伝達力が必要だ。この時代にそれを担ったのは、ラジオ、レコード、そして自動車だった。

　1920年、ピッツバーグのKDKAが世界で初めて民間ラジオ局として歴史的オンエアを行った。ラジオは瞬く間に普及、3年後には全米のラジオ局は550局にまで増えていた。ちなみに局名はミシシッピ川の東がWから、西がKから始まるが、KDKAは唯一の例外だ。

　1930年代は大恐慌のおかげでさらにラジオの時代となる。特に音楽を中心としたバラエティショーが人気となり、人々は最新の音楽に耳を傾けた。

　1920年代、電気式のピックアップを備えた蓄音器によって円盤型のレコードが再生されるようになった。ただし、まだ78回転のSP盤のみで、30センチで5分程度しか録音できなかった。

　レコードが爆発的に普及するのは、1940年代末にビニール（アナログ）盤が登場してからだ。1950年代にはEP（45回転）、LP（33回転）がどの家庭でも楽しめるようになった。

　新しい音楽の普及にはモータリゼーションも欠かせない要素だった。ミュージシャンたちは各地にツアーをして演奏できるようになった。

　1920年代、第一次大戦を経験すると安全保障上の観点から道路の舗装が一気に進んだ。それにともなって高性能な自動車が開発され、時速100キロ以上での走行が可能になった。

　また、1950年代にはメンバーを乗せて移動するバスも登場し、人気バンドは誇らしげにボディにロゴを入れて各地に向かったのだった。

1950年代半ばにはインターステート・ハイウエイの整備が始まり、バンドは大型バスで移動するようになった。その姿は多くの映画でも描かれている。

MOTORIZATION

Radio

メンフィスのWDIA、クラークスデイルのWROX、ヘレナのKFFAは人気の黒人番組を放送していた。写真左は、1940年代、日曜にゴスペルの生演奏を放送していたグリーンウッドのWGRMが入っていたビル。

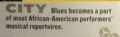

CITY

Blues becomes a part of most African-American performers' musical repertoires.

As the blues becomes an increasingly popular style, versatile entertainers learn to play and feature blues songs in their shows. These troubadour-like "songsters" include: Mississippi Jim Jackson (c.1878-1933), whose "Jim Jackson's Kansas City Blues" becomes, reportedly, the first blues recording to sell a million copies; Texan Henry Thomas (1874-1950), whose "Fishin' Blues" will become a folk music staple; and Mississippi John Hurt (1893-1966), who records "Frankie and Albert," a classic murder ballad based on an actual 1899 event in St. Louis.

RECORDS

レコード会社、ミュージシャンの双方にとってレコードは儲かるビジネスに成長し、多くのレコードが世に出た。ジム・ジャクソンの「カンザスシティ・ブルース」は、初の1000万枚ヒットとされる（右上）。

メンフィスは今も音楽の都
MEMPHIS IS STILL THE MUSIC CAPITAL

　メンフィスは全米でも有数の観光都市だ。国内外から多くの人が訪れてにぎわっている。

　音楽ファンなら、まずはビール・ストリートだ。ライブミュージックのほか、博物館やBBキング、プレスリーゆかりのモニュメントも楽しめる。また、レンタカーを借りれば、ミシシッピ州のクラークスデイルも2時間ほどで行くことができる。デルタ・ブルースのルーツに触れるチャンスだ。

　そのほかのメンフィスで味わう南部料理も絶品。音楽とグルメ、さらに観光名所を回ろう。

夜通しにぎわう
BEALE STREET
ビール・ストリート

ニューオリンズのバーボンストリートと並ぶミュージック・ブールバードだ。歩行者天国の両側には食事も楽しめるライブハウスが軒を並べ、生演奏が聴こえてくる。窓から演奏風景をチェックしながら、好みの店を探して歩こう。近くにはプレスリーの銅像や博物館、BBがDJをしていたラジオ局、WDIAがある。ミシシッピ川沿いの公園も歩いていけるので、明るいうちからブラブラするのがおすすめだ。

キング牧師暗殺現場
LORRAINE MOTEL
ロレイン・モーテル

公民権運動において非暴力差別抵抗活動を行ったマーティン・ルーサー・キング牧師は、1968年、遊説先のメンフィスで暗殺された。現場となったロレイン・モーテルの部屋はそのまま保存されていて見学することができる。また国立公民権博物館も併設されている。

Access
National Civil Rights Museum
450 Mulberry St, Memphis, TN
www.civilrightsmuseum.org
(901)521-9699

ソウルの歴史がわかる
ROCK 'N' SOUL MUSEUM
ロックン・ソウル博物館

メンフィスで活躍したアーティストを中心に、ロックとソウルに関する資料が幅広く展示されている。ビール・ストリートからすぐの便利なロケーション。ライブを楽しむ前に寄ってみよう。

Access
191 Beale St, Memphis, TN
www.memphisrocknsoul.org
(901)205-2533

アウトドアファンの聖地
BASS PRO SHOPS
バス・プロ・ショップ

ミシシッピ川のほとりに建つ巨大なピラミッド型のビル。これがメンフィスの新名所、バス・プロ・ショップだ。釣り道具だけでなくアウトドア用品全般がそろう。ホテル、最上階展望台もすごい！

Access
1 Bass Pro Dr, Memphis, TN
www.basspro.com
(901)291-8200

MEMPHIS 81

BBQの歴史を訪ねる
南部の旅
A TRIP TO EXPLORE BBQ HISTORY

　アメリカ人はBBQが大好きだ。「クリスマスに何を食べる？」「BBQ」、「サンクス・ギビング・デイに何を食べる？」「BBQ」。何かあるとBBQという人は本当に多い。そして、肉の準備から火の世話まで、ここぞとばかりに活躍するのがお父さんだ。ぼくもBBQを手際よくできる大人になりたいと、昔から憧れてきた。

　ところで、みなさんはBBQと聞いて、どんな肉を思い浮かべますか？「それは牛肉でしょ。できれば分厚いステーキ」という答えが多いのでは？　そんな人のために、ぼくが南部の旅を通じて個人的に調査・考察したBBQの歴史を披露したいと思う。

BBQのルーツを見てびっくり仰天

　そもそもBBQという料理のルーツはどこだろう。これは西インド諸島の先住民、タイノ族の直火料理バーバコア（Barbacoa）というのが定説だ。16世紀に西アフリカ、カリブ海の植民地化が進んだときに、黒人奴隷とともに北米に伝わったと考えるのが理解しやすい。

　ノースカロライナ州にはノースカロライナ・ヒストリック・バーベキュー・トレイルという歴史街道がある。また、黒人奴隷の貿易港もあった。BBQはノースカロライナに上陸し西に進んだと考

新しい店舗で伝統をつなぐ
Allen & Son BBQ
アレン・アンド・サン・バーベキュー

初めて目の前に出されて仰天したBBQのルーツ、プルドポーク。コールスロー、カリフラワーのフライなどと一緒に盛られていた（右）。ノースカロライナ州チャペルヒルの店（左、中央）は2018年に閉店してしまった。現在は別の店舗で営業している模様。

Access
5650 US 15-501, Pittsboro, NC
www.facebook.com/AllenSonBbq/
(919) 542-2294

ミシシッピ州のガソリンスタンドで買った「BBQバーガー」の中身は、正しくプルドポークだった。

えられる。

　まずは試食だ。訪ねたのは、ノースカロライナ州チャペルヒルの「アレン・アンド・サン・バーベキュー」という店。月曜定休となっていたので、わざわざ火曜に出かけたが閉まっている。あきらめきれずに裏に回ると、小屋からモウモウと煙が上がっている。きっとBBQをしているに違いない。ウロウロしていると、白人の親父が出てきた。
「定休日は月曜じゃないんですか」
「火曜も休みにしたんだ」
　せめて小屋のなかを見たいというと押し問答になり、結局、息子がやっている別の店に行くことになった。

30キロほど走って、息子の店でようやくBBQを注文。出てきた皿を見て腰を抜かした。なんとポーク。それも調理した肉を繊維状にほぐしたプルドポークなのだった。意外なBBQのルーツを知る体験となった。

　ちなみにミシシッピ州のガソリンスタンドで手作りの「BBQバーガー」を買ったところ、はさまれていたのもプルドポークだった。

南部にしかないスペシャルなラック

　テネシー州メンフィスにはBBQの名店「ランデヴー」がある。上品な観光客は恐れをなしそうな路地裏が入り口だ。

1 テネシーのBBQといえば豚の肋骨をそのまま提供するラックだ。気取らずにアルミホイルを敷いた皿にドンと載ってくるのもいい。これでスモール。**2** 入り口は裏路地。**3** 南部のBBQにスモーク（燻製）は必須。

香辛料をすり込んだドライタイプのラック
The Rendezvous
ランデヴー

1948年創業。「いくら街の様子が変わっても、レシピは何も変わらない」と、うそぶく。モクモクと噴き出るスモークが目印だ。裏路地の暗い階段を下りると、別の世界が広がっている。

Access
52 S Second St, Memphis, TN
https://hogsfly.com
(901)523-2746

店内に入ると心なしか床が油でギトついている。薄暗い厨房にはモウモウと煙が上がり、黒人スタッフの影が浮かぶ。その様は迫力満点だ。

ここのBBQは豚のリブ（肋肉）で、一本ずつに切り分けないラックと呼ばれる状態で提供される。ノースカロライナから西進するうちに同じポークでも部位が変わったことがわかる。

リブの調理法には香辛料を擦り込むラブ（ドライ）とソースを塗るメトロポリタンスタイル（ウエット）の2種類がある。ランデヴーは前者でメンフィス・スタイルを公言する。その味は言葉で表せないほど美味！ このリブを食べるために、もう一度メンフィスに行きたいくらいだ。

ウエットタイプのラック。
日本に進出しているトニーローマはこのタイプ。

BBQの首都にある名店
Moonlight Bar-B-Q
ムーンライト・バーベキュー

1963年創業、ケンタッキースタイルの伝統的な調理法を守る。ランチ、ディナーのブッフェも名物。写真は右からマトン、ブリスケット（ビーフ）、ポークの3種盛り。

Access
2840 West Parrish Ave
Owensboro, KY
https://www.moonlite.com
(270)684-3141

ビーフはもともと西部の食材

　ここでぼくたちに馴染み深いビーフについて確認しよう。アメリカに牛肉を伝えたのはスペイン人で、南米、中米を経てテキサスに持ち込んだ。これがテキサス・ロングホーンという角の長い牛だった。つまりビーフはミシシッピ川以西、西部の食材なのだ。

　テキサスの牧場で育てられた牛は鉄道でカンザス州に運ばれ、そこから東西の大都市に向かうのがメインルートだった。もちろん、テキサスから西ルイジアナやアリゾナ、カリフォルニアに伝わる小さいルートもあったはずだ。

　ケンタッキー州オーエンズボロは毎年5月には国際BBQフェスティバルを実施し「世界のBBQの首都」を宣言している。今回は「ムーンライトBar-B-Q」という評判の店でお手並みを拝見することにした。かわいいウエイトレスさんが運んできたのは、なんとポーク、ビーフ、マトンの3種盛りである。東から来たポーク、南から来たビーフ、そしてアイリッシュが多い地元のマトンがひとつの皿にまとまったハイブリッドなのだった。

街で見かけたBBQトラック。どんなBBQかな？

history of BBQ

MEMPHIS

カントリーを育んだ緑の草原
ナッシュビル、ケンタッキー、セント・ルイス

ケンタッキー州は同じ南部でも、フォスターの「ケンタッキーの我が家」が描くように緑が豊かで明るい雰囲気に満ちている。また、ここはヨーロッパにルーツを持つカントリー・ミュージックやブルーグラスが生まれ育った土地だ。そしてミズーリ州セント・ルイスは西部開拓の記念すべき出発点。アメリカという国が強く大きく成長した重要なエリアに旅は進む。

Chapter 4
NASHVILLE, KENTUCKY, ST. LOUIS

ゲートウェイアーチから東を望む。眼下はミシシッピ川。

アパラチアで暮らした
スコッチ・アイリッシュがルーツの
カントリーとブルーグラス

COUNTRY AND BLUEGRASS

カントリー・ミュージックはスコッチ・アイリッシュの民謡がルーツといわれている。カントリーは、現代の音楽シーンでも主流のひとつだ。どのようにして、あの独特なサウンドは生まれたのだろうか。

スコッチ・アイリッシュがアメリカに入植したのは19世紀半ばのこと。1845年にアイルランドでジャガイモ飢饉が発生し、生活に困った多くの人々が新天地を目指した。

19世紀半ばといえばボストンやニューヨークの都市化が進み、大西洋に面した便利な町にはすでに入り込む余地がなかった。遅れてきたアイルランド人は虐げられ、西の山岳地帯へと追いやられた。彼らがなんとか住み着いたのが、ウエストバージニア州からノースカロライナ州にかけてのアパラチア山脈南部だった（67ページ地図参照）。

アパラチア山脈は農業にも牧畜にも向かない貧しい土地だった。彼らが豚を食べるときには皮をフライにし、血液をソーセージに混ぜた。まさに血の一滴まで無駄にしない質素な生活だった。

しかし、彼らには歌があった。貧しい生活を送りながらも故郷の明るい民謡を歌っている人々は、からかい半分に

ヒルビリー（山に住む陽気な奴ら）と呼ばれるようになった。

バージニア州ブリストル（テネシー州の同名の市と双子都市）は、「カントリー・ミュージック誕生の地」を宣言している。これは、1927年に音楽プロデューサー、ラルフ・ピアが企画したオーディションによって、カーター・ファミリーが初のカントリー・ソングの録音を行ったことによる。また、カントリーの父と称されるジミー・ロジャースも同じ企画に参加していた。

その頃のカントリーは、すでに都市生活の悲哀や恋愛が主なテーマになっていた。また、ブルースなどの影響で曲調にもバリエーションが生まれ、音楽的な進化もあった。

一方で、よりオリジナルに近いヒルビリー・ミュージックも、家族や地域で演奏され生き残っていた。

そして、1939年、速いテンポと技巧的な即興演奏を取り入れたビル・モンローの登場によって、ブルーグラスという新しいジャンルに再生されたのだった。その後もブルーグラスは、バンジョー、ギター、マンドリンなどのアコースティック楽器にこだわり続けて独自の世界を守った。

カントリーは全米各地に拠点ができた。そのうちテキサス州オースチンの影響からカウボーイ・ファッションが定番となった。また、エレクトリックとの融合も成功しカントリー・ロックというジャンルも生まれて幅を広げた。

COUNTRYとBLUEGRASS
何が違う?

ギターのほか、5弦バンジョー、フラットマンドリン、ウッドベース、ドブロなどによるアップテンポのアンサンブルが基本。歌のハーモニーも重要な要素だ。映画「俺たちに明日はない」で効果的に使われた。

カントリー界の
4大レジェンド
FOUR LEGENDS IN COUNTRY MUSIC

カントリーが一時期の流行にとどまらず、現代まで愛され続けているのは、いろいろな音楽や楽器との融合が成功したからだろう。1940〜70年代に活躍してカントリーをメジャーにした4人のレジェンドを紹介する。

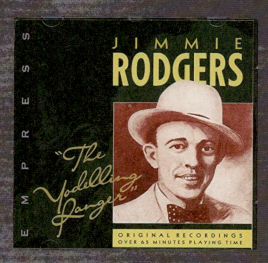

カントリーの父と称される
JIMMIE RODGERS
ジミー・ロジャーズ

1927年、ラルフ・ピアのオーディションに参加しチャンスを得た。アルプス地方のヨーデルを巧みに取り入れた独特の歌唱がヒットし、カントリーをメジャーにした。ルイ・アームストロングとの共演もある。

ジャンバラヤのヒットが光る
HANK WILLIAMS
ハンク・ウイリアムズ

南東部で特に人気があり、1952年に発表した「ジャンバラヤ」は、後にカーペンターズが大ヒットさせた。1946年から29歳で亡くなる53年までと、活躍はした期間は短かったが初期の代表的シンガーに挙げられる。

WILLIE NELSON
カントリーの幅を広げたアウトロー

ウイリー・ネルソン

テキサス州出身。1960年代にフォーク、ロック、R&B、ヒッピーカルチャーの影響を受ける。1970年代に認められるが、正統派カントリーからはアウトローと呼ばれた。ウィ・アー・ザ・ワールドにも参加した。ナッシュビルに博物館がある。

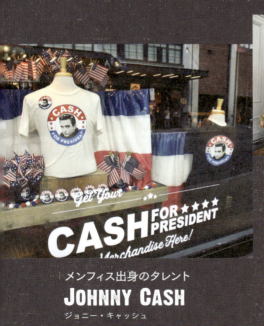

JOHNNY CASH
メンフィス出身のタレント

ジョニー・キャッシュ

メンフィスのサン・レコードから1955年にデビュー。1960年代に話題作を連発し、TV番組「ジョニー・キャッシュ・ショー」ではホストを務めた。刑事コロンボ「白鳥の歌」には俳優として出演した。ナッシュビルに博物館がある。

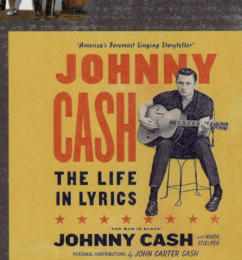

Bill Monroe

1990年代まで長く活動を続けた。

新しい音楽ジャンルを確立
ビル・モンロー&ブルーグラス・ボーイズ
BILL MONROE & BLUE GRASS BOYS

　オーエンズボロに近いケンタッキー州ロジーンで8人兄弟の末っ子として生まれた。家族で伝統的な音楽を演奏しながら育った。そのなかには、後のヒット曲「アンクル・ペン」に歌われるペン伯父さんもいた。

　1930〜40年代には試行錯誤を繰り返したが、45年に斬新な演奏スタイルを確立。28歳のときカントリーの殿堂「グランド・オール・オープリー」で大喝采を受けた。翌年、代表曲「ブルー・ムーン・オブ・ケンタッキー」などを録音、新しい音楽は彼らのバンド名ブルーグラス・ボーイズからブルーグラスと呼ばれるようになる。

　なお、このときバンドのメンバーだったバンジョーのアール・スラッグスとボーカルのレスター・フラットは新たにフォギー・マウンテン・ボーイズを結成してヒットメーカーとなった。

　一時期の低迷期はあったが、1960年代のフォークブームで見直され、1990年代まで息の長い音楽活動を行った。その功績が認められ、グラミー賞特別功労賞はじめ、数々のアワードを受賞している。

BILL MONROE MUSEUM
ビル・モンロー博物館

1 ビル・モンローの家族が描かれた絵。この環境で演奏を覚え、キャリアの前半は兄弟でバンドを組んでいた。**2** 代名詞ともいえる 1923 年型 GibsonF5。**3** 最後の愛車となった 1992 年型キャディラック・デヴィル。

Access
55 Amelia St, Rosine, KY
billmonroemuseum.com
(270) 274-5012

BILL MONROE HOMEPLACE
ビル・モンローの生家

1 きれいに保存されたダイニング。**2** 暖炉の上に飾られた家族の肖像。一番大きい絵がペン伯父さん。**3** ここがビルの寝室。男 5 人、女 3 人の 8 人兄弟だった。**4** 父親はトウモロコシ畑を経営していたが失敗し林業に転じた。

Access
6210 U.S. Hwy. 62 E., Beaver Dam, KY
(270) 298-0036

カントリーの都
ナッシュビル
NASHVILLE, THE COUNTRY CAPITAL

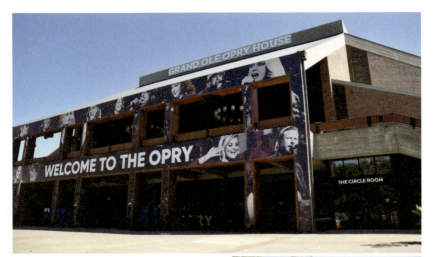

GRAND OLE OPRY
グランド・オール・オープリー

ローカルのラジオ局で始まった番組が、全米放送になり100年の歴史を積み上げた。オプリ・ハウス内のツアーもある。

Access
600 Opry Mills Drive
Nashville, TN
www.opry.com

　アパラチア西部で誕生したカントリーがビジネスとして成功した本拠地がテネシー州ナッシュビルだった。
　1925年、ナッシュビルのラジオ局WSMがカントリーの公開ライブ番組「グランド・オール・オープリー」をスタートさせると瞬く間に人気となり、この番組に出ることがカントリー・シンガーの登竜門といわれるようになった。

　当初はダウンタウンのスタジオから放送していたが、次第に会場を大きくし現在は郊外のオープリー・ミルズに隣接するオープリー・ハウスを使用。今も公開ライブを目当てに世界中から多くのファンがやってくる。
　一方、ナッシュビルのダウンタウンはライブ音楽でにぎわう。明るいうちから観光客であふれ返っている。

DOWNTOWN
ダウンタウン

1 今回、取材したライブハウスに出演していたのは、カントリー・ロックのバンド。ギター、ボーカル、サックスともに最高だった。2 メインストリートは観光客でいっぱい。メンフィスのビール・ストリートに勝るとも劣らないにぎわいだった。3 食事ができて、音楽も聴ける店が多い。4,5 町中が音楽であふれている。

JOHNNY CASH MUSEUM
ジョニー・キャッシュ博物館

ダウンタウンのメインストリート近くにジョニー・キャッシュ博物館がある。カントリー・スターの活躍の軌跡や貴重なメモラビリアが展示されている。隣にはBBQ & BARも。

Access
119 3rd Ave S, Nashville, TN
www.johnnycashmuseum.com

1 チケット売り場の壁に描かれたアート。こうしたひとつひとつの装飾物のセンスがいい。 2 建物のエントランス。街の中心に建ち、カントリー・ミュージックの首都であることをアピールしている。 3 ホール・オブ・フェイム。ゆったりとしたスペースを取り、殿堂入りしたアーティストへのリスペクトを最大限に表現する。 4 展示物は量、質ともに素晴らしく、全米の博物館でもトップクラスに認定されている。

ナッシュビルのランドマークに圧倒的なコレクション

Country Music Hall of Fame and Museum

カントリー・ミュージック殿堂博物館

1967年、カントリー・ミュージック協会によって、最初の殿堂博物館がオープンした。当時は教育プログラムをはじめ図書館など、協会の活動をサポートする色合いが強かった。

現在のミュージアムは、2001年にナッシュビルの一等地に移転。巨大な敷地に建つ建造物自体も素晴らしく、ひとつの芸術作品となっている。まさにナッシュビルのランドマークといえる。

館内には圧倒的な量のコレクションがきれいに展示され、アメリカにおけるカントリー・ミュージックの人気やマーケットの大きさを実感できる。常設展のほか特設展にも力を入れ、一日ゆったりと見学できる。

また、殿堂入りを果たしたミュージシャンを讃えるスペースは荘厳で、歴史の重さとリスペクトを表している。

Access
222 Rep. John Lewis Way S
Nashville, TN
www.countrymusichalloffame.org
(615) 416-2001

企画展

カントリー界から生まれた
スーパースター

Taylor Swift
テイラー・スウィフト

　今や、世界で最も人気のあるポップ・シンガーといえるテイラー・スウィフトだが、その原点はカントリーだ。

　2006年、カントリーチャート6位を記録したデビューシングル「ティム・マグロウ」で、彼女はカントリー音楽協会賞の新人賞を受賞している。

　その後も2012年までにリリースした4枚のアルバムは伝統的なカントリー・サウンドで、ギターのほかバンジョー、ドブロ、フィドル、マンドリンを演奏している。

アコースティック・ギターを弾くテイラー。

2012年以降はエレクトリック・サウンドを中心にポップな音楽に世界を広げた。

2012年のグラミー賞で「ミーン」を演奏したときのバンジョー、Deering Boston 6。13は彼女のラッキーナンバーだ。

ツアーバスを模した展示。

16歳でデビューした当時の写真。ナッシュビルで音楽人生をスタートした。

NASHVILLE, KENTUCKY, ST. LOUIS　97

1 ブルーグラスのアーティストを讃えるコーナー。**2** レジェンド、ビル・モンローに関しての展示も多い。**3** ブルーグラスの誕生から75年を祝う展示。写真入りで歴史がわかるようになっていた。**4** ガラス張りの建物はモダンな印象。ダウンタウンの外れにある。**5** 愛好家によるワークショップ。いい演奏だった。

ケンタッキー州オーエンズボロはブルーグラス発祥の地

BLUEGRASS MUSIC HALL OF FAME & MUSEUM
ブルーグラス・ミュージック殿堂博物館

ケンタッキー州オーエンズボロは「ブルーグラス誕生の地」を謳う街。ダウンタウンは落ち着いた雰囲気で、背後にはオハイオ川が流れる。ブルーグラス殿堂博物館は、そのダウンタウンの外れにある。見学が終わったら、ダウンタウンをブラブラと散策するのがおすすめだ。

ブルーグラスやカントリーにまつわる展示も楽しいが、週末を中心に行われるライブ演奏も見逃せない。ケンタッキー旅行を計画するときには、ホームページのライブ・カレンダーをぜひチェックしたい。

また、取材に訪れたときには、愛好家によるワークショップが行われていた。それぞれが楽器を持ち寄って奏でるパフォーマンスは、ブルーグラスの原点を見るようで心地よかった。

Access
311 W 2nd St, Owensboro, KY
www.bluegrasshall.org
(270)926-7851

> 企画展

グレイトフル・デッドのリーダーは
ブルーグラスがルーツ

Jerry Garcia
ジェリー・ガルシア

　1960年代からサイケデリック・ロックの代表的バンドとして若者たちに大きな影響を与えたグレイトフル・デッド。そこでリード・ギターとボーカルを担当したジェリー・ガルシアの音楽的ルーツがブルーグラスだった、という衝撃的な企画展がブルーグラス殿堂博物館で開催されていた。サンフランシスコで育った彼は、1960年代初期にブルーグラスに出会い、バンジョーを好んで演奏していたという。デッド・ヘッズもびっくりだ。

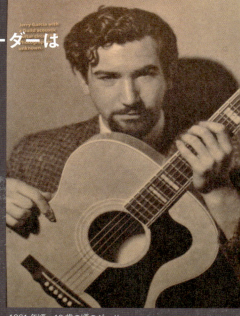
1961年頃、19歳の頃のジェリー。

紛れもなくブルーグラスを演奏している！

ブルーグラス殿堂博物館で開催された企画展のポスター。

1969年にジェリーが購入したペダル・スティール・ギター。New Riders of the Purple Sage というユニットで演奏した。

スコット・ジョプリンが
ミズーリで奏でた
ラグタイム
RAGTIME WAS BORN IN MISSOURI IN 1899

　キング・オブ・ラグタイムと呼ばれるスコット・ジョプリンは、1867年、テキサス州に生まれた。父親は解放奴隷だった。貧しい生活だったが彼は音楽に興味を持ち、母親は彼の才能を伸ばそうと心を砕いた。

　1894年、ジョプリンは兄とともにミズーリ州セダリアに移る。そして、この町のメイプル・リーフというサロンに出入りし、ラグタイムを完成させた。ラグタイムファンにとってセダリアは特別な町であり、1899年の「メイプル・リーフ・ラグ」は記念碑的な楽曲だ。

　驚くのは、まだ19世紀という点。ニューオリンズのJazzがようやく全盛期を迎えた頃で、この時期に新しい音楽を完成させた才能は特筆すべきだろう。

　1900年、ジョプリンはチャンスを求めてセント・ルイスに移る。ラグタイムはクラシックでありホールで演奏されるべきだ、とプライドは高かったが、実際はダウンタウンのサロンでの演奏とピアノ教師によるわずかな収入で暮らす日々だった。

　歴史遺産として州によって保存されている家は、この頃に妻のベルと住んでいたアパート。想像以上に質素で、生活の厳しさが伝わってくる。

　晩年のジョプリンはふたりめの妻、ロティとニューヨークで暮らした。自作のオペラを上演するチャンスに恵まれたがうまくいかず、亡くなるまで貧しさから抜け出すことはできなかった。

　突如、スコット・ジョプリンの名がスターダムに躍り出たのは、1973年、映画「スティング」で「ジ・エンターテイナー」が使われたときだ。セント・ルイスでこの曲を書いてから、71年が経過していた。

セント・ルイスのデルマー通りにあるスコット・ジョプリンが住んだ家。あまりに立派な家で驚いたが、彼が住んだのは、このアパートの2階の部屋だった。

Scott Joplin

1 展示室には、スコット・ジョプリンの音楽活動の歴史が説明されている。**2** 質素なダイニングルーム。**3** 彼の部屋はベッド一台を置くのが精一杯。**4** ツアーガイドのリナさんが、足踏み式のプレイング・ピアノを演奏してくれた。ジョプリンの作品が、多数保管されていた。

Access
2658 Delmar Blvd, St. Louis, MO
mostateparks.com/park/scott-joplin-house-state-historic-site

映画「スティング」で使われ評価が上がった

ジョージ・ロイ・ヒル監督による名作。舞台は1936年、シカゴに近いジョリエット。ジョプリンの「ジ・エンターテイナー」が全編にわたり効果的に使われた。楽曲も映画とともに大ヒットした。

スティング
4K Ultra HD+ ブルーレイ：6,589円／Blu-ray: 2,075円／DVD: 1,572円（税込み）
発売元：NBCユニバーサル・エンターテイメント
©1973 Universal Studios. Renewed 2001 Universal Studios. All Rights Reserved.

※商品情報は記事公開時点のものです。最新の内容をご確認ください

NASHVILLE, KENTUCKY, ST. LOUIS

1

ブルースの父、WCハンディとセントルイス・ブルース
THE FATHER OF BLUES

ウイリアム・クリストファー・ハンディ（WCハンディ）は、「ブルースの父」と称される。1941年に出版された彼の自伝のタイトルも、ずばり「ブルースの父」だ。

しかし、ハンディはブルースマンではなく、作曲家兼オーケストラのリーダーで、主に踊りや寸劇を見せるミストレル・ショーに出演していた。

では、なぜ彼が素晴らしいニックネームを獲得したかといえば、初めて世の中に「ブルース」とつく曲を発表したから。それが1912年の「メンフィス・ブルース」だった。

1903年、彼はミシシッピ州クラークスデイルに演奏旅行に出かけたとき、駅で列車を待つ間に痩せた黒人がブルースを演奏するのを聴いた。ナイフを弦に当ててハワイアンのスチールギターのような音を出すテクニックを「奇妙に感じた」と自伝に書いている。これが彼のブルース初体験だった。

「メンフィス・ブルース」がヒットし、勢いに乗ったハンディが1914年に発表したのが「セントルイス・ブルース」だった。この曲は、12小節によるブルース形式を確立した楽曲としても知られている。また、ハンディ自身によって書かれた歌詞も大ヒットの要因となった。セントルイス・ブルースはJazzのスタンダードとなり、数々の名演奏を生んだ。

ここで音楽のジャンル名が世に出た年を整理してみよう。スコット・ジョプリンによるラグタイムが1899年。上述のブルースが1916年。客の声援からJazzが生まれたのが1915年。カーター・ファミリーのカントリーが1927年。ビルボード誌がR&Bを採用したのが1947年。最初のロックンロール曲、「ロケット88」が1951年。ミシシッピ川沿いに展開した音楽の長い歴史だ。

W.C. Handy

1 エイブ・ライマンのオーケストラによる公演のポスター。**2** ピアノに向かうブルースの父、WCハンディ。アラバマ州出身で、貧しい生活から逃げ出すために音楽を学んだ。**3** セントルイス・ブルースは多くのアーティストによってカバーされた。

NASHVILLE, KENTUCKY, ST. LOUIS

セント・ルイスの堂々たるシンボル
ゲートウエイ・アーチ
GATEWAY ARCH

　セント・ルイスのシンボルといえば、ゲートウエイ・アーチだ。高さ、幅ともに約190メートル、ミシシッピ川河畔に聳える堂々たる建造物だ。

　デザインをしたのは、フィンランド人の建築家、エーロ・サーリネン。独特のアーチ形状はロープの両端を持って垂らしたときにできるカテナリー曲線を描く。1963年2月に両側から同時に作り上げる工法で工事がスタート。頂上において最後のキーストーンが収まったのは65年10月であった。

　アーチの両側から出発するトラムに乗って頂上展望台に行くことができる。すべてのエレベーター会社がこのトラムの設計を断念したときに、大学を中退したばかりの青年が2週間で設計図を描き上げたという逸話が残っている。

　展望台からは東西に50キロ先まで見晴らせる。

北部と南部、
東部と西部を分ける川

A RIVER THAT DIVIDES THE NORTH AND SOUTH,
THE EAST AND THE WEST

ゲートウエイ・アーチは、西部開拓を
讃え記念するモニュメントだ。それが、
なぜセント・ルイスにあるのだろう。

第3代大統領トマス・ジェファーソン
が就任したとき、ミシシッピ川より西は
フランス領ルイジアナだった。ジェファ
ーソンはアメリカが将来、ヨーロッパ諸
国と肩を並べる強国に成長するにはミ
シシッピ以西、つまり西部の開拓が欠か
せないと考えた。大統領の熱意は天命
（Manifest Destiny）として国民に支持
された。

大統領は1803年にナポレオンからル
イジアナを買い取る。そして、すぐにメ
リウェザー・ルイスとウィリアム・クラ
ークによるルイス・クラーク探検隊を結
成、翌04年5月14日に太平洋岸を目指
して出発させた。このときの出発点がセ
ント・ルイス（正確には対岸のイリノイ
州ハートフォード）だったのだ。ちなみ
に、当時のセント・ルイスはフランスの
毛皮商人たちの交易拠点との町だった。

なお、考えてみれば当然だが、当時
は道などなかった。探検隊はボートに
よって水路を進んだ。ミシシッピ川か
らミズーリ川に入り、進路が途絶えた

ところはカヌーを担いで陸地を超えた。
彼らの壮絶な冒険の詳細はほかの機会
に譲るが、2年半にわたる探検の成果は
大きかった。ネイティブたちとの交流、
地理や動植物の調査、気候の記録など、
後の西部開拓の礎となったことに間違
いはない。

以上が、ゲートウエイ・アーチがセン
ト・ルイスに作られ、アーチがある公園
がジェファーソン・ナショナル・エキス
パンション・メモリアルと呼ばれる所以
である。アーチは南北に足を踏ん張っ
て聳えているが、西向きが前方、ミシシ
ッピ側は背後ということになる。

また、セント・ルイスの南、約300キ
ロ地点でオハイオ川がミシシッピ川に
合流している。オハイオ川はイリノイと
ケンタッキーの州境となって東に伸び、
ペンシルバニア州ピッツバーグの水源
に至る。

オハイオ川は北部と南部を隔てる川
だった。南北戦争の激戦地ゲティスバー
グはペンシルバニア州にあり、黒人奴
隷を北部に逃した「地下鉄道運動」のハ
リエット・タブマンは、このラインを意
識していたことになる。

ミシシッピ川から西が西部、東が東部と区分されていた。また、オハイオ川が北部と南部を分けていた。

ゲートウェイ・アーチの展望台から西部を望む。

19世紀前半の南部を描いた
マーク・トウェインの自伝的小説
トム・ソーヤの冒険

The Adventure of Tom Sawyer

1

ミシシッピ川を描いたアメリカ文学といえば「トム・ソーヤの冒険」だろう。舞台はミシシッピ中流域のミズーリ州ハンニバル。わんぱく少年の痛快な冒険譚だが、実は作家の波乱万丈の人生が裏側に息づいている。

1839年、サミュエル・ラングホーン・クレメンズは4歳のときにハンニバルに移り住み、活発な少年時代を過ごす。当時のミズーリ州は奴隷制度を支持する奴隷州で、彼の家にも黒人奴隷がいたという。

15歳のときに、兄が始めた新聞事業を印刷工として手伝い、そのかたわら記事も書くようになる。そして、一時期、蒸気船のパイロットの職を得るも、記者の道を選んだ。

1861年、南北戦争勃発。翌年にはリンカーン大統領が奴隷解放宣言を行い、南部の価値観は否定された。この出来事はサミュエルに大きな影響を与えた。1863年、彼はペンネームをマーク・トウェインとする。それは南部育ちの自分に被せた仮面なのだった。

彼のユーモアあふれる記事と講演、短編小説は西海岸で評判となり、知名度は全国に広がった。いつしか、彼は西部の知識人になっていた。

そんな彼が1876年、41歳のときに発表したのが自伝的小説「トム・ソーヤの冒険」だった。物語の舞台は1840年代、登場人物は実在の人物ばかり。失われた南部の少年時代が噴き出すように鮮やかに描かれた。

1885年の続編「ハックルベリー・フィンの冒険」は文体が一人称に改められたことで、さらにメッセージ性が強くなった。黒人奴隷ジムとともにいかだに乗って逃亡するという設定によって、自分を肯定したのだろうか。

私生活は兄との確執、破産、家族の死など、74歳で亡くなるまで波乱に満ちていた。

1 アメリカを代表するイラストレーター、ノーマン・ロックウェルは1935年に挿絵を依頼され、ハンニバルに取材に訪れた。博物館では寄贈された原画を見ることができる。**2,3**「ハックルベリー・フィンの冒険」と「トム・ソーヤの冒険」。**4** マーク・トウェインの頭像。多数の著書を残す才能あふれる作家だった。

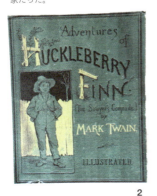

2

3

4

NASHVILLE, KENTUCKY, ST. LOUIS

ウォーキングツアーが楽しい
MARK TWAIN BOYHOOD HOME & MUSEUM
マーク・トウェイン子ども時代の家と記念館

ハンニバルは、町中に関連展示物が点在している。セルフガイドのウォーキングツアーがおすすめだ。

まずは、ダウンタウンにあるミュージアム・ギャラリーへ。ここにはマーク・トウェインの書斎やハックと黒人奴隷のジムが旅に出るいかだの再現など、楽しい展示が待っている。

町に出ると、作家が4歳のときに引っ越してきた家が「少年時代の家」として残っている。また、そのすぐ隣には物語のなかでトムがペンキを塗ったフェンスもそのまま保存されている。

そのほか、ハックルベリー・フィンやベッキーの家、カーディフの丘の灯台。リバークルーズなどが楽しい。

Access
206 Hill St, Hannibal, MO

1 ミュージアム・ギャラリーに再現されたマーク・トウェインの書斎。トムとハックルベリーが遊びに来ている。
2 灯台への登り口にあるトム・ソーヤとハックルベリー・フィンの銅像。今日はどんな冒険が待っている？
3 物語に登場するフェンス。名場面が思い浮かぶ。

4 記録フィルムは有名ないかだに乗って視聴する仕掛け。 5 マーク・トウェインが少年時代を過ごした家。 6 丘の上の灯台からはミシシッピ川が見下ろせる。 7 船にまつわる本も多く書いている。 8 即興サーカスと題されたユーモア溢れる作品。 9 ハックのモデルが住んでいた家。

NASHVILLE, KENTUCKY, ST. LOUIS 111

南部を代表する味、フライドチキン
FRIED CHICKEN, A TASTE OF THE SOUTH

　フライドチキンといえば、ケンタッキー！　そう反射的に答える人は多いだろう。確かにケンタッキー州のハイウェイを走っていると、いろいろなフライドチキン店の看板が見える。

　しかし、フライドチキン自体はケンタッキーに限らず、南部の名物と考えたほうがいい。アメリカにはイギリス人、フランス人、イタリア人、ドイツ人、ユダヤ人などヨーロッパ各国から移民が入り、それぞれの料理を持ち込んだ。アメリカの食の旅が楽しいのは、そうしたルーツがあるからだ。

　そのなかで揚げ物（ディープフライ）を好んだのは、南部の黒人だった。チキンに限らず、南部には揚げ物の料理が多い。

　1930年、ハーランド・サンダースはケンタッキー州南東部の小さな町、コービンで食堂を併設するガソリンスタンドを始めた。その後、コーネル大学でレストラン経営を学ぶと、1940年に本格的なカフェをオープンする。このときに圧力揚げ機と11種類のスパイスを使ったオリジナル・レシピを完成させたのだった。

　なお、あの独特の髭とコスチュームは、1950年にケンタッキー州からカーネル（大佐）の称号を与えられたときに生まれたそうだ。

　1990年、コービンにサンダース・カフェ＆ミュージアムがオープンし、KFCファンを集めている。

南部の歴史とともに歩たレストラン
Sanders Cafe And Museum
サンダース・カフェ＆ミュージアム

KFCのルーツを知ることができるミュージアムには、1940年当時の店を再現したカフェやガソリンスタンドがある。ショップでフライドチキンを買ってレトロなカフェで食べるのが醍醐味だ。貴重なメモラビリアの展示もある。

Access
688 U.S. Highway 25 West Corbin, KY
(606)528.2163

KFCよりおいしい？

Popeyes
Louisiana Kitchen

ポパイズ・ルイジアナ・キッチン

ハイウェイを走っていたら「POPEYES」の看板を見つけ、入ってみた。一時、日本にも進出していたフライドチキン・ブランドで、こちらはルイジアナ・スタイルを謳う。味は甲乙つけがたかった!?

ガソリンスタンドの売店でもフライドチキンが大きく宣伝される。

バーボンの街
バーズタウンを訪ねる
Visit Bardstown, the Bourbon City

　イギリスとの独立戦争のときに、フランスがアメリカの味方をしたことに感謝して、ジェファーソン大統領がケンタッキー州の一部をバーボン（ブルボン）郡と名づけた。そして、その地域で作られるウイスキーをバーボンと呼ぶようになった。今ではケンタッキー州で醸造されたものだけがバーボンを名乗ることができる。

　原料はトウモロコシが51％以上であることが法律で定められている。そのほかの原料はライ麦、大麦、小麦となる。発酵、蒸留のプロセスを経てオーク樽で熟成させるが、樽の内側を焦がして独特の香りをつけるのが特徴だ。

　ケンタッキー州といえば牧場、草原というイメージだったが、実際にクルマを走らせてみるとトウモロコシ畑がえんえんと広がっていた。バーボン・ステートを肌で感じるドライブだった。

　フォアローゼズ、アーリータイムス、ジム・ビームなど、多くの醸造所はケンタッキー州バーズタウン郊外にある。それぞれ見学ツアーを企画しているのでホームページをチェックしてほしい。また、バーズタウンのダウンタウンにはバーボンにまつわる博物館や資料館があり、醸造所めぐりのツアーも出ている。毎年9月に開催されるケンタッキー・バーボン・フェスティバルに合わせて訪ねるのもいいだろう。

　それに対して、テネシー州リンチバーグに醸造所を構えるのがジャック・ダニエルだ。バーボン同様、トウモロコシを主原料とするが、熟成の前にメープルの炭で濾過する工程が入る。これはリンカーン・カウンティ・プロセス、あるいはチャコール・メローイング製法と呼ばれ、テネシー・ウイスキー特有のまろやかな風味を生み出す。

1 バーズタウンのダウンタウン。歴史ある街並みにレストランやギフトショップなどが並んでいる。9月に開催されるフェスティバルには多くの人が訪れる。**2** 全米の「もっとも美しい小さい町」に選ばれた。**3** この立派な建物がウエルカムセンター。地図やツアーなど情報を手に入れよう。

バーボン蒸留所ツアーに参加しよう！

　ケンタッキー州を旅行するなら、歴史あるバーボン蒸留所を訪ねたい。好みのブランドの見学ツアーを単独で申し込むこともできるが、効率よくいくつかの蒸留所を回るツアーもおすすめだ。何よりツアーの後の運転を気にせずにテイスティングを楽しめるのがいい。有名ブランドだけでなく、家族経営の小さな蒸留所を見学できるのも醍醐味だ。ツアーには、グルメや牧場観光とセットになったものもある。

BOURBON DISTILLERY TOUR

NASHVILLE, KENTUCKY, ST. LOUIS　115

美しい自然環境に広がる
メーカーズ・マーク蒸留所
MAKER'S MARK DISTILLERY

トレードマークの赤い蝋封は、担当者がひとつずつ行う。

　バーボンの都バーズタウンから南東に約60キロ、美しいトウモロコシ畑を縫って走るとスターヒル・ファームに到着する。日本でもファンが多い高級バーボン、メーカーズ・マークの蒸留所がそこにある。

　ビル・サミュエルが理想のバーボンを求めて試行錯誤を重ねた末、たどり着いたのは、ライ麦の代わりに赤色冬小麦を使うレシピだった。彼はそれを自宅のキッチンで発見したという。1954年、さらに改良を重ね、シャープさよりもスムースさ、バランス、フルボディ感を強調した独特の風味を完成させた。

　また、スターヒル・ファームの地下にある石灰岩の岩棚は、自然に水を濾過してイースト菌の働きを阻害する鉄分を取り除いているという。どっしりとした自然環境を守ることが、ブランドの品質維持に欠かせないのだ。

　なお、商品名、ボトルの形、ラベルデザイン、トレードマークとなった赤い封蝋は、すべて妻のマージーのアイデアだった。メーカーズ・マークが世界的ブランドに成長したのは、彼女の功績が大きい。

　蒸留所ツアーに参加すると、まず銅製の蒸留機、さらに木樽による発酵工程を見学。思いの外、小規模なことに驚きを感じた。そのほか、内側をしっかり焦がすバーボン特有の樽も見ることができた。熟成の過程では、手作業でひとつひとつ樽を転がして品質を上げるそうだ。

　ツアーの最後はお待ちかねのテイスティング。解説を聞きながら味わうバーボンの味は格別だ。

1 広々とした敷地内に工場が建つ。自然を維持することが品質を管理する一番の条件という。工場のエクステリアデザインもマージーが担当した。**2** 二重蒸留を行う光り輝く銅製の蒸留機。**3** ビルとマージーの肖像画。現在は息子たちによって家族経営が続いている。**4** 過去に発売された記念ボトルが展示されていた。**5** お楽しみのテイスティング。解説を聞きながら飲むと、違いがわかる。

Maker's Mark Distillery
メーカーズマーク蒸留所

Access
Star Hill Farm 3350
Burks Spring Rd Loretto, KY
https://www.makersmark.com

NASHVILLE, KENTUCKY, ST. LOUIS 117

トム・ソーヤも見た
ミシシッピ川の流れ
TOM SAWYER'S MISSISSIPPI RIVER

ミシシッピ州グリーンビル

1920年のミズーリ州セント・ルイス

ミネソタ州

イリノイ州とミズーリ州をつなぐ橋

ミネソタ州ミネアポリス

テネシー州メンフィス

NASHVILLE, KENTUCKY, ST. LOUIS

Chapter 5
CHICAGO

人々が集まるシカゴのダウンタウン。

憧れの大都市
シカゴ

ニューオリンズ、ミシシッピ、メンフィスで暮らす黒人たちにシカゴから大都市の誘惑が届く。よりよい仕事、賃金、都会の生活、そして、何よりミュージシャンとして生きていくチャンス。1910年代半ばに始まり、1940年代に抑えきれない流れとなったシカゴへの人口流入。黒人たちのための音楽マーケットが確立し、白人世界にも広がっていった。

シカゴJazzの全盛は1920年代
その後、中心はニューヨークへ

JAZZ IN CHICAGO, NEW YORK, AND KANSAS CITY

1920年代、キング・オリバー、ジェリー・ロール・モートン、ルイ・アームストロングらニューオリンズ出身のミュージシャンがシカゴに移り、Jazzのパイオニアとなった。アームストロングの「ホット5」(1928年)がその金字塔だった。

一方、ニューヨークでは、1900年代に生まれた世代が新しいJazzを模索していた。十分な音楽教育を受けることができた黒人中産階級のはしりで、彼らは初めからJazzを専門職業と考えていた。それもニューオリンズ出身者との大きな違いだった。

初期のニューヨークのJazzは、ラグタイムの影響が強い社交ダンスや劇場ショー向けの音楽で、1920年代はフレッチャー・ヘンダーソン楽団がトップの人気を誇った。しかし、1927年にデューク・エリントンがコットン・クラブと契約したのをきっかけにスウィング・ジャズが主流となり、ベニー・グッドマン、グレン・ミラーらが登場。1930年代はスウィング全盛となった。

アームストロングやモートンもシカゴからニューヨークに移り、出版やレコーディングも含め1930年代のJazzの中心は完全にニューヨークになった。

CHICAGO JAZZ
シカゴ・ジャズ

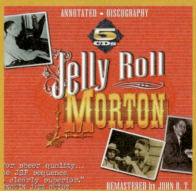

ブギウギはシカゴが発祥

シカゴの主流はルイ・アームストロングやジェリー・ロール・モートンなどのニューオリンズ派だった。また、シカゴでは黒人たちのジャムセッションから生まれたブギ・ピアノがブームを作った。しかし、ニューヨークに中心が移ると、これらの音楽は古くなった。

New York Jazz
ニューヨーク・ジャズ

Kansas City Jazz
カンザスシティ・ジャズ

クラシックを学んだタレントが登場

1920年代後半、ビッグバンドが台頭した。それまでの5〜7人編成のコンボとはまったく違う音楽だった。デューク・エリントン、ジョージ・ガーシュウィン、ベニー・グッドマン、キャブ・キャロウェイらが大ヒットを飛ばし、Jazzは全米で受け入れられた。

独自の発展をした南西部のJazz

カンザスシティを中心とする南西部では、シカゴやニューヨークとの関係が薄い独自のJazzが流行した。一番の特徴はラグタイム色が強いことだった。そのなかからニューヨークに出てメジャーになったのが、カウント・ベーシーだった。

クラプトン、マディ、ジョニー・ウィンターの共演。

マディがエレクトリックと出会ってシカゴ・ブルースが誕生した
MUDY WATERS, THE FATHER OF CHICAGO BLUES

1920年代、ニューオリンズからシカゴに出たJazzマンが華々しい活躍をしたのと対照的に、シカゴのブルース界にビッグスターは現れなかった。

その理由はふたつ考えられる。1930年代に全盛期を迎えたチャーリー・パットンやロバート・ジョンソンはデルタを出なかった。シカゴに夢を求めたのは20歳前後の無名のミュージシャンたちだった。もうひとつには、メンフィスでブルースやゴスペルが盛んになったことが挙げられる。BBキングがDJを務めたラジオ局WDIAは連日、黒人音楽ばかりを流し、ブームを作った。デルタのブルースマンは距離的にも近いメンフィスに向かったのだった。

当時、アメリカ議会図書館はクルマのトランクに録音機材を積み込んでデルタに赴き、記録のために現地録音を行っていた。1941年、アラン・ローマックスはロバート・ジョンソンを探して録音する目的でデルタに向かった。すでにジョンソンが亡くなっていることを知らなかったのだ。彼はその代わりにジョンソンそっくりにギターを弾くマッキンリー・モーガンフィールドという大きな男に出会い、録音をする。これがマディ・ウォーターズの初レコーディングとなった。

マディは1943年、30歳のときに叔父を頼ってシカゴに出る。製紙工場やトラック運転手として働きながら、叔父さんにもらったエレクトリック・ギターでスライド奏法を練習した。

チャンスが来たのは1947年。サニーランド・スリムのバックとして、初めて正式なレコーディングに参加したのだった。このときのアリストクラット・レーベルの共同オーナーが、後にチェス・レコードを創立するレナードとフィルのチェス兄弟だった。

1940年代にマディがエレクトリック・ギターを持ったと書いたが、これはボディが中空のフライング・パンと呼ばれる古いタイプだった。フェンダーが本格的なエレクトリック・ギター、ブロードキャスター（翌年からテレキャスター）をリリースしたのが1950年。マディはフィル・チェスの助言でテレキャスターを持ち、シカゴ・ブルースのスタイルを創ったのだ。

1 テレキャスターを弾くマディ。シカゴ・ブルースの創始者だ。2 レオ・フェンダーが開発したテレキャスターの初期モデル。3,4,5 アメリカ議会図書館がクラークスデイル郊外で行ったフィールド・レコーディングでマディは発掘された。

CHICAGO 125

伝説のチェスレコードの
スタジオ・ツアー
STUDIO TOUR OF CHESS RECORD

2120 S Michigan Ave。当時のまま残る建物はブルースマンたちの憧れだった。

　ポーランド移民のレナードとフィルのチェス兄弟が、前身のアリストクラット・レーベルを買い取り、チェス・レコードを設立したのが1950年だった。その頃、この辺りにはレコード・レーベルや楽器店が林立していたという。しかし、今はポツンとこの２階建ての歴史的なビルが建つだけだ。ブルース・ファンにとって、ミュージアム・ツアーはシカゴ観光のハイライトだ。

　ツアーはエントランスで来訪を告げるところから始まる。「ラヴィン・ユー」のヒットで知られるミリー・リパートンが受付嬢をしていたというから驚きだ。ホールではミュージアムを管理するブルース・ヘブン財団のジャニーンさんのガイドで、マディ・ウォーターズ、ハウリン・ウルフ、チャック・ベリーなどの資料を見学。1964年にローリングストーンズが録音のためにチェスを訪れた際の資料もあった。

　２階には伝説のスタジオBが当時のまま保存されている。椅子に座るよう指示され、待っているとジャニーンさんの解説付きで、歴史的な録音が次々と再生された。ブルース・ファンにとっては至福の時間だった。

　チェスは全盛期ともいえる1969年に会社を売却した。最後にその理由を尋ねると、「時代が変わって、彼らが好きだった音楽が作れなくなったからでしょう」という納得の答えが返ってきた。

1 多くの名盤が作られたスタジオB。**2** ウィリー・ディクソン、マディ・ウォーターズ、バディ・ガイ。すごいメンバーだ。**3** ボー・ディドリーの展示。**4** チャック・ベリーはチェスの稼ぎ頭だった。**5** シャロン・マコネル・ディッカーソン作のライフマスク。取材時点で存命は4人。**6** フィル・チェスの部屋。チェス以前はクラブ経営をしていた。

素晴らしいガイドをしてくれたジャニーン・ジャッジさん。

Access
2120 S. Michigan Ave. Chicago, IL
www.bluesheaven.com
(312) 808-1286

シカゴ・ブルースの
レジェンドたち
CHICAGO BLUES LEGENDS

ロックファンにも人気
BUDDY GUY
バディ・ガイ
ルイジアナ州出身。ハードなギタープレイが魅力。チェスレコードに憧れて契約をし、マディなどと共演する。移籍後、自作を発表。ジュニア・ウェルズとのデュオに名作がある。現在もシカゴでブルース・クラブを経営している。

ロックンロールの代名詞
CHUCK BERRY
チャック・ベリー
1955年、マディの紹介でチェス・レコードと契約。デビュー曲「メイベリーン」がスマッシュヒット。その後、「ジョニー・B・グッド」「ベートベンをぶっ飛ばせ」などを連発する。演奏しながら歩くダックウォークがトレードマーク。

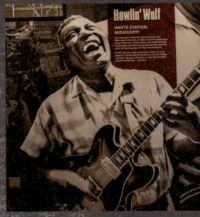

独特のダミ声が特徴
HOWLIN' WOLF
ハウリン・ウルフ
ウエストポイント出身。狼のようなダミ声で知られる。メンフィスからシカゴに移ってから花が咲き、チェス・レコードからヒット作を連発した。ブルースハープも秀逸。

シャウトするサウスポー
OTIS RUSH
オーティス・ラッシュ

1950年代にバディ・ガイ、マジック・サムとともにシカゴ・ブルースを牽引した。右利き用に弦を張ったままサウスポーで演奏する独特のスタイルを持っていた。エリック・クラプトン、レッド・ツェッペリンなどが彼の曲をカバーした。

ブルース界を支えた影の大物
WILLIE DIXON
ウィリー・ディクソン

ベーシストながら作曲、シンガー、プロデューサーとすぐれた才能を発揮した。マディの歌でヒットした「フーチー・クーチー・マン」は彼の作品。元プロボクサーでジョー・ルイスのスパーリングパートナーだったこともある。

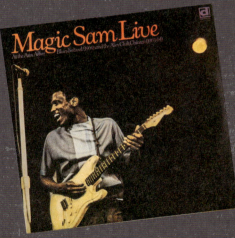

白人のブルースマン
PAUL BUTTERFIELD
ポール・バターフィールド

白人でありながら本格的なブルース・ハープを演奏した。1963年にポール・バターフィールド・ブルース・バンドを結成し、多くのフェスティバルに出演した。ギターのマイク・ブルームフィールドとの共演が光る。

R&B色の強いサウンド
MAGIC SAM
マジック・サム

ミシシッピ州出身。13歳のときにシカゴに移り、ブルース・クラブで演奏するようになる。1960年代にR&B色の強い独特のサウンドで人気を博す。しかし、1969年に32歳で病死した。生前に残したアルバムは2枚だけだった。

イギリスに渡ったブルース
BRUCE CAME TO ENGLAND

1960年代、イギリスの音楽シーンでブルースブームが起こる。人種差別の意識が低く、抵抗なく受け入れたのか。フランスでJazzが流行したのと対照的で面白い。

世界的スターも原点はロック
THE BEATLES
ザ・ビートルズ

チャック・ベリーの「ロックンロール・ミュージック」「ベートーベンをぶっ飛ばせ」はじめ、多くのロックをカバーした。ジョンは複数のブルースマンの名前を挙げて、子どもの頃からよく聴いていたと発言している。

エリック・クラプトンが在籍
CREAM
クリーム

1966年に結成された3人編成の革新的バンド。エリック・クラプトンのブルース志向が強く現れ、ライブにおいてはJazzのような即興演奏も披露した。クリーム流にアレンジしたロバート・ジョンソンの「クロスロード」は衝撃的。

現在でも世界の第一線
THE ROLLING STONES
ローリング・ストーンズ

現在でも活動を続ける生きる伝説。バンド名をマディ・ウォーターズの歌詞から取るほどブルースの影響が大きい。デビュー曲はチャック・ベリーの「カム・オン」だった。BBキングやバディ・ガイとの共演もある。

ウッドストックの熱演が印象的
JOE COCKER
ジョー・コッカー

1964年デビュー。エネルギッシュなライブ・パフォーマンスが注目された。ハイライトは1969年ウッドストックでの熱演だ。1970年の「マッドドッグス&イングリッシュマン」の実験的ステージも記憶に残る。

チェスでのレコーディングもある
FLEETWOOD MAC
フリートウッド・マック

1960年代はブルース色が強かった。サンタナのカバーで知られる「ブラック・マジック・ウーマン」は彼らの作品。1969年、チェス・レコードを訪れウィリー・ディクソン、バディ・ガイらと共演した。

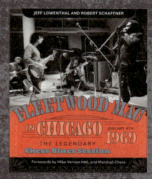

ブリティッシュ・ブルースの先駆者
JOHN MAYALL & THE BLUESBREAKERS
ジョン・メイオール&ブルースブレーカーズ

1966年、クラプトンがヤードバーズからクリームに移る間に在籍した。この時期は特にブルース色が強かった。メイオールは英国のロック界に影響力があるリーダーだった。

1960年代以降の
ミュージックシーンへの影響

AMERICAN MUSIC UNDER THE INFLUENCE OF BLUES

PSYCHEDELIC MUSIC
サイケデリック・ミュージック

　1960年代半ばになると公民権運動、反戦活動をきっかけにフラワームーブメントと呼ばれる文化的社会現象が起こる。ファッション、アート、文学と同様、音楽も大いに影響を受けた。

　サイケデリック・ミュージックといってもジャンルもスタイルも幅広いが、もっともブルースの影響を受け、しかも社会へのインパクトが大きかったのがジミ・ヘンドリクスとジャニス・ジョプリンだろう。

　ふたりに共通するのはどこか破滅的な香りがしたこと。ムーブメントのピークといえる1969年のウッドストック・フェスティバルにそろって出演したあと、翌年にふたりとも亡くなってしまった。

　ブルース界も逆影響を受け、マディやオーティス・ラッシュがサイケデリックな問題作を出した。

1 ジャニス・ジョプリンは1967年のモンタレー・ポップフェスティバルで独特のシャウトが注目され、以降、サイケデリック・ロックのアイコンとなる。2 ジミー・ヘンドリクスはネイティブと黒人のミックス。ギターを燃やしたり歯で弾いたり過激なスタイルで時代の寵児となった。

Southern Rock
サザン・ロック

やはりブルースのDNAは南部にある、と実感させてくれるのがサザン・ロックというジャンルだ。

このジャンルを代表するのがオール

1 オールマン・ブラザーズ・バンドは、南部らしい泥臭いサウンドが魅力。フィルモア・イーストのライブは名演だ。2 リトル・フィートのデビュー・アルバム、「ディキシー・チキン」。

マン・ブラザース・バンドだ。デュアン・オールマンとディッキー・ベッツのツイン・ギターは今日まで他の追随を許さない。1971年の「アット・フィルモア・イースト」で頂点を迎えるが、同年、デュアンが事故死してしまう。

ローウェル・ジョージのリトル・フィート、マーシャルタッカーバンドもサザン・ロックで存在感を示した。

WestCoast Sound
ウェストコースト・サウンド

1970年代にヒットチャートを席巻したジャンル。ブルース、ロック、フォーク、カントリーなどが融合し民族的な泥臭さが消えたアメリカン・ミュージックの完成形ともいえる。

ドゥービー・ブラザーズ、ジャクソン・

ドライブ感のある演奏で1970年代をリードしたドゥービー・ブラザーズ。

ブラウン、CSN&Yなど数え出したらキリがないほど優秀なミュージシャンが活躍した。

Country Rock
カントリーロック

ブルースとカントリーをベースにしたロックのスタイル。広義に考えれば、バーズ、ボブ・ディラン、グレイトフル・デッドなど多くのバンドがこのジャンルに含まれてしまう。

しかし、代表格といえばイーグルスだ

イーグルスの「ならず者」はタイトル曲を含む名盤。

ろう。「ホテル・カリフォルニア」はじめ、数々のメガ・ヒットを放った。

全米屈指のエンターテインメントの街
THE CITY OF ENTERTAIMENT

全米でニューヨーク、ロスアンジェルスに次ぐ大都市、シカゴ。19世紀にミシシッピ川と運河で結ばれて以来、商業の中心都市として成長してきた。

エンターテインメントも盛んだ。アル・カポネが街を牛耳った1920年代以降、ショービジネスの歴史を築き上げてきた。初期の様子は、ミュージカル「シカゴ」で瑞々しく描かれている。

現在もシアター、ミュージック・クラブ、コメディやボードビルのステージで一流のパフォーマンスを体験できる。シカゴ観光に訪れたなら、ぜひショーを楽しんでいただきたい。

アル・カポネも愛したクラブ
GREEN MILL LOUNGE
グリーン・ミル・ラウンジ

なんと1907年創業。シカゴで続いているバーとしてはもっとも古いとされる。店名はパリのムーラン・ルージュ（赤い風車）をもじってつけられた。

ビリー・ホリデーやルイ・アームストロングもステージに立った老舗中の老舗だ。バーカウンターの近くには、アル・カポネが好んだというブースが、今も残されている。

Access
4802 N Broadway Ave, Chicago, IL
greenmilljazz.com
(773) 878-5552

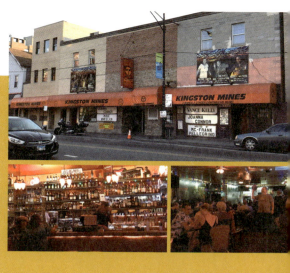

KINGSTON MINES
泥臭いブルースが似合う

キングストン・マインズ

　1968年創業。ジュニア・ウェールズ、マジック・スリム、ココ・テイラーなどがブルースを奏でてきた。
　ステージが２つあり、交互に演奏を行う独特のスタイル。明け方５時までライブが続く日もある。

Access
2548 North Halsted St, Chicago, IL
https://kingstonmines.com/
(773) 477-4646

BUDDY GUY'S LEGENDS
シカゴの大御所が経営する

バディ・ガイズ・レジェンズ

　多くのレジェンドが亡くなっていくなかで、現役で活躍するバディ・ガイは貴重な存在だ。彼が経営するブルース・クラブでは、全盛期と変わらない活気あるライブが繰り広げられている。

Access
700 S. Wabash Chicago, IL
https://buddyguy.com
(312)427-1190

冒頭のシーンでエルウッドが出所する刑務所と、カーアクション・シーンで登場した跳ね上げ橋。

JOLIET AREA HISTORICAL MUSEUM
ブルース・ブラザースのロケ地

ジョリエット地域歴史博物館

　1981年日本公開の「BLUES BROTHERS」は、スーパースターが多数出演する音楽映画の名作だ。舞台となったのは、シカゴから60キロ南西のジョリエット。ウエルカムセンターではジェイクとエルウッドが待っている。

Acsess
204 Ottawa St. Joliet, IL
www.jolietmuseum.org
(815)723-5201

1960年代に煌めいた
モータウン・サウンド
Motown Changed The World

元写真館だった家をスタジオに改造したヒッツヴィル(左)。この小さな家から数々のヒット曲が生まれた。

1920年代の大移動の目的地はシカゴだったが、1940年代に自動車産業が全盛期を迎えると、さらに400キロ北東のミシガン州デトロイトにもタレントが集まるようになった。この街に登場したレーベルがモータウンだ。

売れないミュージシャンだったベリー・ゴーディーはフォードの組み立て工場で働いているとき、音楽も歌、ダンス、コーラス、ホーンなどのパーツを組み合わせて作ればいい、とひらめく。工場を辞め、自分の作品を歌ってくれるミュージシャンを探すうちにスモーキー・ロビンソンと出会い、ふたりは新しい音楽の創造を開始する。

ビートルズもカバーしたマーヴェレッツの「プリーズ・ミスター・ポストマン」が1961年にヒット。その後、スプリームス、テンプテーションズ、スティービー・ワンダー、マーヴィン・ゲイ、ジャクソン5などを育て、数え切れないヒット曲を生み出した。厚みのあるバンド編成をバックに、数人のグループが踊りながら歌うスタイルはヒットパターンとなった。

元写真館だった建物を1959年に買い取ったスタジオ「ヒッツヴィル」が現在モータウン・ミュージアムとして公開されている。こんなに小さな家からあれほどのヒット曲が生まれたのか、と誰もが驚くはずだ。ツアー参加者がみんなで「マイガール」を歌うなど、楽しい趣向が凝らされたツアーだった。

Access
2648 W. Grand Blvd. Detroit, MI
www.motownmuseum.org
(313) 875-2264

1

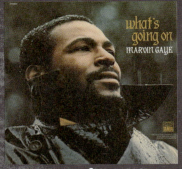
2

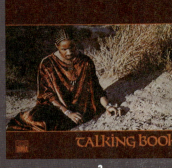
3

4

5

6

1　SMOKEY ROBINSON & THE MIRACLES
スモーキー・ロビンソン＆ザ・ミラクルズ

リーダーのスモーキー・ロビンソンは地元デトロイト出身。ベリー・ゴーディーの右腕としてモータウンの音作りをリードし、副社長として長く経営にも携わった。

2　MARVIN GAYE
マーヴィン・ゲイ

タミー・テレルとのデュエット「エイント・ノー・マウンテン・ハイ・イナフ」が大ヒット。1971年に発表した「ホワッツ・ゴーイン・オン」は政治色が強い問題作だった。

3　STEVIE WONDER
スティービー・ワンダー

1961年、11歳のときに自作曲でモータウンと契約した天才児。最初の芸名はリトル・スティービー・ワンダーだった。72年の「迷信」は自身の新しい一面を拓いた野心作だ。

4　THE SUPREMES
スプリームス

ダイアナ・ロスを中心にした女性3人グループにして、モータウンの最高傑作。1960年代に「ストップ・イン・ザ・ネーム・オブ・ラブ」など、12作が全米1位に輝いた。

5　THE JACKSON 5
ジャクソン5

マイケル・ジャクソンをリードシンガーを担い、4人の兄がバックを務めた兄弟グループ。「ABC」「アイル・ビー・ゼア」がヒット。マイケルはソロで大スターになった。

6　THE TEMPTAIONS
テンプテーションズ

男性5人のコーラスグループ。踊りながら歌うスタイルは新しく、多くの類似グループが生まれた。1964年に発表した「マイ・ガール」が最初の大ヒットとなった。

シカゴといえば
ディープディッシュ・ピザ
FAMOUS DEEP-DISH PIZZA

1 具がみっちりで、ずっしり重い。分厚い生地でないと支えられないのだろう。2 箱のデザインもいい。3 この型でピザを焼くのだ!

ただ生地が厚いだけではない
Pizzeria UNO
ピッツェリア・ウノ

　イタリア系移民が好んだピザは、生地にトマトソースを塗って焼けば食べられる安上がりな食事だった。ピザを見たことがない人種にもすぐに広がり、アメリカの国民食になった。

　アル・カポネの名前を出すまでもなく、シカゴはイタリア系が多い。この地の名物が生地の厚いディープ・ディッシュ・ピザだ。1943年創業のピッツェリア・ウノが発祥で、数多い同業者のなかでも評判は随一だ。

　注文してみて驚いた。注文から焼き上がりまで40分。生地が分厚いのはもちろん、ずっしり重い。日本にもディープ・ディッシュ・ピザはあるが、まったくの別物。試してほしい。

Access
DOWN TOWN
29 East Ohio, Chicago, IL
LAKEVIEW
1970 W.Diversey Pkwy, Chicago, IL
www.unos.com

ミートボール スパゲッティ

アメリカではスパゲッティといえばミートボールが定番。ワンプレート・ディッシュのようにナイフでスパゲッティを切りながら食べる人も多い。パンがついてくるのはそのため。麺は常に柔らかく、アメリカの調味料、タバスコとクラフト製粉チーズがつく。

ポーランドスタイル・ホットドッグ

ホットドッグの発祥はニューヨークのコニーアイランドというのが定説だが、シカゴアンはシカゴ説を説く。レリッシュやケチャップは使わず、パプリカ、太いポリッシュ・ソーセージをはさむ。

ルート66のレガシー

Lou Mitchell's
ルー ミッチェルズ

ルート66はシカゴとロスアンジェルスをつなぐ母の道。その起点にあるレストランがルー・ミッチェルだ。ルート66開通前の1923年から、ボリュウムたっぷりの料理で旅人の空腹を満たしてきた。

Access
565 W. Jackson Blvd, Chicago, IL
www.loumitchells.com
(312) 939-3111

Chapter 6
MINNESOTA

ミシシッピ川源流。奥がイタスカ湖。

ミシシッピ川源流
ミネソタ

ミネソタ州に入ると景色はすっかり北国だ。はるか3000キロ南のニューオリンズとはまるで別世界だ。色づく秋の林を抜けて走り続けると、ついにミシシッピ川の源流、イタスカ湖に到達した。幅3メートルほどの小川があの大河になるとは感慨も一入だ。そこで、ぼくは「ミネソタ」がダコタ族の言葉で「曇り空のような水」という意味であることを知った。

ハイウエイ61の終わり
ミシシッピ川の始まり

THE END OF HIGHWAY61,
THE BEGGINING OF MISSISSIPPI RIVER

　ミシシッピ川を北上しながらアメリカン・ミュージックのルーツを訪ねる旅。ぼくはミズーリ州ハンニバルから東にそれて、インターステート55でシカゴへと向かった。I55は、一直線にニューオリンズとシカゴを結ぶフリーウエイだ。ブルース街道、ハイウエイ61の現代版。それは旧東海道と東名高速の関係に似ている。

　ぼくはシカゴを後にして、ミネソタ州の南東の角でミシシッピ川、そしてハイウエイ61と再会した。ここからミシシッピ川の源流まで、あと約1000キロ。旅も終盤に入った。

　ミネソタのminは、ダコタ族の言葉で「水」の意味だそうだ。ミネソタ州には10,000の湖があり、6500を超える天然河川がある。まさに豊かな水資源を左右に見ながらのドライブだ。

　州都ミネアポリスはミシシッピ川をはさんで東にあるセント・ポールと双子都市を成す。住民の多くは北欧とドイツからの移民の子孫だ。そのためかどこか静かで落ち着いた印象を抱いた。

　街の中心にはミシシッピ川で唯一の滝、セント・アンソニー滝があり、この水力を利用して小麦の製粉業が栄えた。一時は34カ所の製粉所が稼働し、その出来高は世界一と謳われた。川の両側では、古い小麦ブランドの看板が今も静かに流れを見下ろしている。

　音楽ではプリンスの出身地として知られる。1970〜80年代には、彼を中心とした革新的な音楽が、ミネアポリス・サウンドと呼ばれた。街の郊外にある自宅兼スタジオ「ペイズリー・パーク」には、熱いファンが連日、訪れている。

　ハイウエイ61の起点がニューオリンズであることは知っていても、終点がどこか知る人は少ないだろう。ミネアポリスを出た61は、ミネソタ州スペリオル湖のほとりの町、ダルースに入る。そして湖岸に沿って走る道となり、なんとカナダ国境を超えてサンダー・ベイという町で消滅するのである。

　一方、ミシシッピ川は北西に伸び、クエッションマークのような弧を最後に描いてイタスカ湖に至る。源流を示す碑には、「メキシコ湾まで2552マイル（4106メートル）」と記されていた。そして、ぼくのクルマのオドメーターはトータル6000キロに近づいている

ニューオリンズから寄り添ってきたミシシッピ川とハイウェイ61はミネアポリスで別れ、それぞれの道をいく。

ミシシッピ川唯一の滝、セント・アンソニー滝。

川の両岸に小麦ブランドのサイン。

川沿いの遊歩道。ミネアポリス市民の憩いの場。

ダルースはスペリオル湖に面する町。

源流に近いミシシッピ川。

源流に立つサイン。「メキシコ湾まで2552マイル」

景色は北国の様相。

イタスカ州立公園のエントランス。

MINNESOTA 143

ボブ・ディランが歌った
ハイウエイ61

BOB DYLAN SINGS HIGHWAY 61

　第4章でカントリーとブルーグラスの違いを解説したが、同じスコッチ・アイリッシュの民謡に起源があるフォーク・ソングの特徴は何だろう。一般的にはメッセージ性が強い楽曲を指すとされている。

　ミネソタ州出身のボブ・ディランは1962年にニューヨークでデビュー。フォークシンガーとして、すぐにその才能が注目された。

　1965年1月、「ブリンギング・イット・オール・バック・ホーム」を発表。このアルバムでディランはエレクトリック・ギターを弾き、多くのフォーク・ファンからブーイングを浴びた。しかし、このフォーク・ロック誕生にまつわる騒動は、マディがシカゴ・ブルースを創造したのと同様、今考えれば必然だった。

　ディランの実験は、同年8月に発表された次作で完成する。「ブリンギング〜」ではエレクトリック作品はA面だけだったが、全曲がフォーク・ロックとなり、「ライク・ア・ローリング・ストーン」「やせっぽちのバラッド」など、彼の代表作を含んだ。

　そして、アルバム・タイトルは「追憶のハイウエイ61／Highway61 Revisited」とつけられた。鋭いパトカーのサイレンから始まる表題曲の疾走感は、旅情を激しく掻き立てる。

　ディランは、1964年に友人たちとニューヨークからカリフォルニアまで大陸横断旅行をしている。このときニューオーリンズでマルディグラも体験したというから、ブルース街道も実際に走ったはずだ。

　また、ダルースにある彼の生家は坂の途中にあり、200メートルほどその坂を下ると、そこにはハイウエイ61が走っているのだ。一本の道がつなぐ自分の生い立ちと愛した音楽の因縁を表現したアルバム名といえる。

Bob Dylan

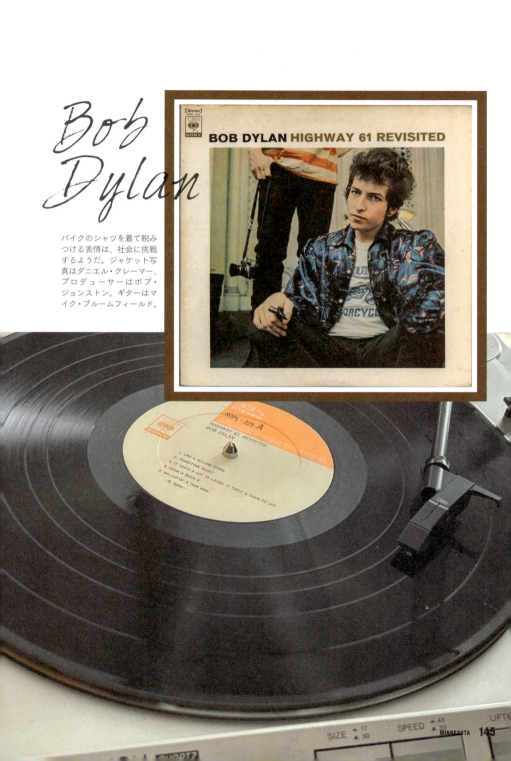

バイクのシャツを着て睨みつける表情は、社会に挑戦するようだ。ジャケット写真はダニエル・クレーマー、プロデューサーはボブ・ジョンストン。ギターはマイク・ブルームフィールド。

ディランが
育った家、生まれた家
BOB DYLAN'S BIRTHPLACE AND CHILDHOOD HOME

　中学校の頃、五大湖は大きいと習ったが、スペリオル湖はまるで海のようだ。湖面から吹きつける風が強くて冷たい。1941年にボブ・ディランが生まれたダルースは、その湖の西の先端にある。

　インターネットの不確かな情報で知った番地を頼りにダウンタウンから坂を上がると、そこには2階建ての家があった。とりあえず写真を撮り、ぼくはクルマに乗った。次に向かう目的地があったのだ。

　目指したのはダルースから2時間半ほど北にあるヒビング。ディランは、この町で6歳から高校生までの多感な時期を過ごした。かつて鉄鉱石の採掘で栄えた町を、ディランは「最果ての町」と表現している。幸運にもハウス・ツアーを運営するビル・ペイジェルと出会い、ディランが住んだ家を案内してもらった。

　1939年に建てられたイタリアン・モダンの家で、ビルが購入後に当時の色に塗り替えたという。ディランの寝室にあるナイトスタンドやレコードプレーヤーはオリジナルで、高校時代のバンド、ゴールデン・コーズが練習したというガレージも保存されていた。地下のミュージアムには関連グッズが展示されていた。「北国の少女」のモデルになった当時のガールフレンドの写真が一枚だけあったが、なぜか後ろ向きの仁王立ちだったのが面白かった。

　うれしかったのは、「日本人が来たのは初めて」といわれたこと。ダルースの生家も彼が所有しているというので、写真を見せると正しいと認めてくれた。ファン冥利に尽きる訪問となった。

1 家の前にディランの高校生時代の写真が立ててある。これが目印。**2** ヒビング高校は家から3ブロック先。ノーベル文学賞受賞の記念碑が立つが、肖像はなぜかノーベル。

BIRTHPLACE

1 坂道の先にスペリオル湖が見える。教会の先がダウンタウンで、ハイウェイ 61 が走る。**2** これが生家。この家もビルが所有している。

CHILDHOOD HOME

3 ビルが購入してから、当時の色に戻したという。高校卒業後、ディランはミネソタ大学に通うためミネアポリスに出た。**4** ディランの部屋。いくつかの家具はオリジナルだそうだ。**5** ビル・ペイジェル。あとでわかったが、ディランのコレクターとしては有名な人物だった。**6** 育った家とヒビング高校があるセブンス・アベニューは「ボブ・ディラン・ドライブ」と名づけられた。**7** 家の前の横断歩道は「風に吹かれて」の出だしの音符が描かれている。

BOB DYLAN CHILDHOOD HOME & MUSEUN

ボブ・ディラン・ミュージアム

Access
2425 7th Ave. E. Hibbing, MN
(608)217-5232

MINNESOTA 147

アメリカン・ミュージックのルーツを辿る旅
BEHIND THE STORY
27日間、6000キロの記録

約1カ月も旅をしているといろいろなことがある。
驚いたこと、がっかりしたこと、うれしかったこと。
本文には書けなかった隠れたストーリーを紹介する。

9月7日
ルシール号と行くミシシッピ

　ルイ・アームストロング・ニューオリンズ国際空港到着は午後5時。国際空港といっても、威圧感のある冷たい感じの巨大空港ではない。ローカル独特のやさしい雰囲気が漂っている。
　Jazzが流れるロビーで荷物をピックアップし、レンタカー棟へ。ハーツ・レンタカーの駐車場でぼくを待っていたのは、ダッジ・デュランゴだ。
　第一印象は素直に「カッコいい!」。旅の前半は同行者が3人いると話すと、大きいクルマがいいでしょう、とハーツさんが手配してくれたフルサイズSUVだ。クルマは大切な相棒。カッコいいクルマに乗ると旅心が高まる。さっそく真っ黒なボディからルシール号(BBキングのギター)と名づけた。

いざ、出発! どんな旅が待っているだろう。

ルシール号との初対面。カッコいい!

カメラマンが同行する。
　車窓には広々とした綿花畑が続く。そして、クルマのなかに流れる音楽はもちろんコテコテのブルースだ。ブルース初心者の原田さんが洗脳されていく様子が楽しい。
　綿花畑を撮影するために路肩にクルマを停車。そっと綿を摘んでみた。ふわっと柔らかな触感だが、摘むときに指が触れたがくは硬くて鋭かった。
　そして、真っ白い繊維のなかに数粒の黒い種があった。これを取り除くの

9月8日
綿を摘んでみた痛い感触

　本書のコンテンツはニューオリンズから始まるが、実際の旅はミシシッピ・デルタからスタートだ。旅好きの友人、原田さんとブルース・ギターが趣味の宮澤

リーランドのハイウエイ61・
ブルース・ミュージアム。

27 DAYS, 6000KM

一時期、巨額のマネーを生んだコットン。

ハリケーン明け。ニューオリンズのカフェの店員二人組。

がコットン・ジンという機械なのだ。コットン・ジンが開発されたことによって綿花産業が起こったと学んだ。こんなに小さい種のために、あんな大袈裟な機械が必要とは！

9月11日
ニューオリンズ名物、ハリケーン直撃

　4日間のデルタ取材を終えて、ニューオリンズに戻る。知人のMさんが合流して、ニューオリンズ、ラファイエットの取材に同行するためだ。

　ところが、想定外のニューオリンズ名物に遭遇する。ハリケーンである。前の晩に止まったAirbnbのホストに、「明日はハリケーンが来るぞ。もう1泊、ウチに泊まったほうがいい」と冗談めかしていわれたのだ。

　果たして、ハリケーンはニューオリンズを直撃。街中の店はシャッターを下ろし、ロックダウンしたようだ。夕方になると停電となり、IHの調理器は使えなくなった。ひもじい一夜、いや2晩を過ごすハメに……。

　停電2日目の夜に到着したMさんは旅のベテランだが、さすがにこの状況は初体験。その後、Airbnbの値引き交渉に数日の時間を割いてくれた。

9月14日
突撃！ケイジャン・マーケット

　ラファイエットでのケイジャン料理の取材は上々だったが、ジャンバラヤだけ撮り残していた。ニューオリンズへ帰

線路の向こうがおしゃれなダウンタウン。

MINNESOTA 149

突然、現れたケイジャン・マート。

食料品ではなく、お土産だと思います。

初めて乗る韓国車、キムさん。ナチェズ・トレイルで。

る途中にインターネットで取材先を調べるが、なかなかいい店が見つからない。

そんなとき、ロードサイドに突然、「ケイジャン・フレッシュ・マーケット」の看板が！ 急ハンドルを切って駐車場に突入すると、店内にはジャンバラヤの素をはじめ特殊なスパイスや食材がそろっていた。その晩、Airbnbのキッチンで調理して、無事、ジャンバラヤの撮影が完了した。

9月16日
エルビスの歌声の背後に隠れたもの

16日の早朝6時半の便で3人が帰国。ここからはひとり旅となる。3人を見送ってからレンタカー棟へ。もう大きいクルマが必要ないのでデュランゴは返却し、改めて小型SUVに乗り換えることになっていた。ところが、なんと、またも停電。電気が回復しないとレンタカー会社のコンピューターが動かない。ヘッドライトを取り出し、暗闇で復旧を待つことになった。

ようやく1時間後に借りたクルマはKIAのスポルタージュというクルマだっ

た。本当はアメリカン・ブランドが希望だったが仕方ない。新しい相棒をキムさんと名づけ、再びミシシッピを目指して北上を開始した。

最初の目的地は、テュペロにあるエルビス・プレスリーの生家。貧しい家庭だったことは本文中に書いたが、驚いたのは翌朝、訪れた市街地との落差。豪華な市庁舎に洗練されたダウンタウン、全米で最大ともいわれる自動車博物館に劇団、金融機関の本社と、まあリッチな町なのだ。

エルビスが育った貧困地区と市街地の間には小さな川と線路がある。細い川に線引きされた残酷な格差。エルビスのロックンロールの原点を見た気がした。

テュペロの市庁舎。鉄道が通る交易の要衝。

27 DAYS, 6000KM

フォークナーが名作を生み出した館。

9月17日
BOSSはフォークナーだった

　翌日、メンフィスへ向かう途中にオックスフォードという町に寄った。この町に南部を代表する大学を作りたいという願いから名づけられ、ミシシッピ州立大学が誘致された。

　アメリカに限らず、大学がある町には若さや自由が漂っているような気がする。ぼくは大学がある町を訪ねるのが好きだ。

　ダウンタウンには、ロンリー・プラネットに「全米でもっとも素晴らしい個人経営の本屋のひとつ」と紹介された「スクエア・ブックス」がある。オーナーの個性が感じられる気持ちがいい書店で、ぼくは何冊か買い物をした。

　後で知ったが、オックスフォードにはジューク・ジョイント（ブルースのライブハウス）もあるそうだ。ぼくの「住んでみたい町」のリストに加えることにした。

　オックスフォードの一番の見どころは、ウィリアム・フォークナーが暮らしたローワン・オークだ。こんもりとした林の先に駐車場があり、白亜の館へと小道が続く。巨匠の仕事場は予想以上にシンプルでストイックだった。

　目が止まったのは、缶コーヒーBOSSとフォークナーの肖像を並べた「似てない？」という展示。ちなみにメーカーからは、何の事前連絡もなかったそうだ。

似てない？　似てるよね。

9月20日
厄介なタイムゾーン

　この日はナッシュビル郊外のモーテル泊。ダウンタウンは明るいうちからものすごい人出だったので、戻る気にならずフードトラックのメキシカンで夕食を済ませた。

フードトラック。もう走らないからいいんだろうけど……。

MINNESOTA　151

ケンタッキーのハイウエイ。

Sakuさん。コメディアンの登竜門、セカンド・シティで。

　翌日はケンタッキー州ロレットのメーカーズ・マーク蒸留所の見学ツアーを予約してある。都合のいい時間は取れなくて、朝9時半スタートだ。リマインド・メールが来ているので読んでみると、最後にこんな一文が……。
「ロレットは東部時間ですから、お間違いなく」
　アメリカには4つのタイム・ゾーンがあり、今回はずっとセントラル・タイムを旅行してきた。ところが、ロレットはぎりぎり東部時間、1時間早いというのだ。つまりナッシュビルの時間で8時半スタートとなる。ここから約3時間。5時出発となってしまった。
　夜明け前に出発するのはつらかったが、早朝のドライブは最高だった。特に緩やかな丘を越えるローカルのハイウエイは、本当に気持ちがよかった。無意識に抱いていた緑のケンタッキーの

イメージそのものなのだった。
　その晩は思い立ってマンモスケイブ国立公園のキャンプ場にチェックイン。久しぶりのアウトドアを楽しんだ。

9月25日
コメディの舞台が、突然、キャンセル！

　シカゴでは、本書編集担当の松本さんの紹介で、スタンドアップ・コメディアンとして活躍するSakuさんにお会いした。プロ野球選手を目指していた人生が、突然、方向転換する話はとても面白かった。海外の厳しい社会に飛び込んで、自分だけを信じて生きていく。そのポジティブな姿勢は尊敬に値する。
　翌日はSakuさんが出演する本場の舞台を観にいく予定だったが、なんと30分前に突然のキャンセル！　酔った男が劇場のエントランスを叩き壊したというのだ。「こんなこと初めてですよ」と、さすがのSakuさんも驚いた様子だった。
　シカゴではフランク・ロイド・ライトの自邸兼スタジオも見学した。日本のデザインに影響を受けたと聞いていたが、実際に作品を見るとそれがよくわ

思い立って、キャンプ場に1泊。

27 DAYS, 6000KM

美しいローレント邸。

偶然の出会いをもたらしたヒビングのブームタウン。

かった。
　モーテルに戻ってライトについて調べていると、次の日に通過するイリノイ州ロックフォードにユーソニアン・ハウスの代表作、ローレント邸があることがわかった。予定を変更してツアーを予約した。
　この家は車椅子生活を送るオーナーのための建築で、窓やテーブル、棚の高さが暮らす人の目線に合わせて設計されている。調度品もすべてオリジナル製作という素晴らしい作品だった。

9月29日
偶然、知ったハウスツアー

　今回の旅で、どうしても行きたかったのがミネソタ州ヒビング。ボブ・ディランが高校生まで過ごした町だ。ただ、情報が少なく、わざわざ行ったところで何も見られない可能性があった。それでも行ってみたいというのは、ファン心理だろう。
　しかし、唯一の手がかりだった市立図書館が閉まっているうえ、通りがかりの人に聞いても返事はつれない。あきらめてビールでも飲んで、Airbnbにチェックインすることにした。

　ところが、ここで幸運の女神が微笑んだ。適当に入ったバーのバーテンに声をかけると、「ボブ・ディランの家はすぐそこで、ハウス・ツアーをやっている人がいますよ」という。驚いて連絡先を聞くと、ビルという人の電話番号を紙ナプキンに書いてくれた。その場でかけると、「今からでもいいですよ」とトントン拍子に話がまとまったのだった。ビールを一気に飲み干し、食べかけのシーザーサラダを冷蔵庫に預かってもらって飛び出した。
　インターネットには何の情報もなく、現地に行ったおかげでつかんだ幸運だった。
　そして翌日、ミネソタ北部をドライブし、ついにミシシッピ川の源流に到達した。走行距離は6000キロに達していた。

ミシシッピ川の源流。

MINNESOTA 153

魅力的な都市の
周遊プランはいかが？

　アメリカへのスペシャルな個人旅行。何はともあれ、フライトが必要だ。おすすめはアメリカの航空会社。現地での利便性がまったく違う。なかでもデルタ航空はロスアンジェルスのほか、ミネアポリス、アトランタ、デトロイト、シアトル、ホノルルに直行便がある。これらのハブ空港を起点に国内便を使えば、プランはまさに無限に広がる。なにしろロスアンジェルスからの国内便は約60都市に出ているのだ。

　ヨーロッパ観光では、パリ、ローマ、バルセロナなどの周遊が人気だが、同様にロスアンジェルス、ニューオリンズ、ミネアポリスの周遊はどうだろう。LAでドジャースの試合を見て、ニューオリンズでケイジャン料理を楽しみ、ミネアポリスのモール・オブ・アメリカで買い物をする。こんな贅沢な旅も夢じゃない。

　近年、発着は羽田に集約されている。旅の始めと終わりも便利になった。

プレミアム・エコノミーという
おいしいセレクト

　今回の取材で利用したのはデルタ・プレミアムセレクト。エコノミーよりも座席が広く、サービスも充実している。それでいてビジネスよりもリーズナブルという、"おいしい"セレクトだ。アメリカへのフライトは10時間以上かかる。シートが広くリクライニング角度が大きいだけで、快適さがまったく違う。優先搭乗があるのもうれしい。

　食事はテーブルクロスが引かれ、ワンランク上の満足感だ。和食はミシュランの星を獲得したシェフの監修。まさに豪華なレストラン級のおいしさだった。飲み物のサービスもよく、大人の旅行にふさわしいと感じた。

SDGsを考えた
キャリア選びの時代だ

　デルタ航空は、1日に4000便も運行している世界最大級のキャリア。航空業界をリードする立場として取り組んで

羽田空港のデルタ スカイクラブ。

いるのが使い捨てプラスチックの削減だ。機内で使用する食器類を天然素材、リサイクル素材に変え、プラスチック使用量を年間で最大220万キロ削減したという。また、廃棄されるゴミから大量のアルミニウムをリサイクルする取り組みも進めている。

電子化による紙の削減も大きい。Fly Deltaというアプリによって、座席指定、24時間前の事前チェックイン、荷物のトラッキング、食事の予約はデルタ・ワンとデルタ・プレミアムセレクトでできる。スマートフォンひとつで機内まで進めるのだ。

また、近年、関心が高まっている持続可能燃料（SAF）の市場拡大、燃費のいい新機材の導入、機体の軽量化などにも積極的に取り組んでいる。利用者側も意識を高く持って、航空会社を選びたい。

お問い合せ・ご予約
●デルタ航空予約センター
　0570-077733（月〜金 9:00 – 19:00）
●ウェブサイト ja.delta.com/jp/ja
●インスタグラム
　https://www.instagram.com/deltaairlines_jp
●フェイスブック
　https://www.facebook.com/DeltaJP

プレミアムセレクト | Plemium Select

1 シートは広く、リクライニングは深い。**2** エンターテインメントはノイズ・キャンセリング機能搭載のヘッドセットで楽しめる。**3** フットレスト、レッグレストで快適性アップ。**4** 食事、飲み物も豪華だ。食器も陶器製。**5** 環境に配慮したアメニティキット。

アメリカの道は
旅人にやさしくできている

便利なサービスを備えたゴールドメンバー専用オフィス。

　アメリカを旅するなら、絶対にレンタカーがおすすめだ。ぼく自身も、これまで何度もアメリカ旅行をしていたにもかかわらず、自分で運転した途端に世界が変わった。こんなに気持ちがよくて素晴らしい旅があるのかと衝撃を受け、それ以来、すっかりレンタカー派になった。

　なぜ、自動車の旅がいいのか。理由のひとつはアメリカの雄大な景色をダイレクトに感じられるから。砂漠、森、畑、湿地、山道、大空、そして嵐……、どれもすべて美しい。特に早朝や日没の時間帯は風景が心に染みること間違いない。

　次に、アメリカの交通システムが自動車用にできていることが挙げられる。フリーウエイは無料だし、ガソリンスタンドやそれに併設しているマーケットや食堂も旅人にやさしい。

　ドライブに疲れたとき、フリーウエイ上にモーテル、レストラン、ガソリンスタンドのサインが現れるとほっとする。次のランプで降りれば、すぐにいろいろなサービスが受けられる仕組みになっているのだ。

手続きも簡単、便利
使い勝手のいいハーツを選ぼう

　アメリカ旅行なら、やはりアメリカのレンタカー会社がいい。ぼくのおすすめはハーツ・レンタカーだ。とにかくオフィスの数が多いから、乗り捨てするのにもとても便利。市内オフィスの立地もベストだ。

　近年、手続きも簡単・便利になって

レンタカーの旅でアメリカの空気を体感しよう。

空港のオフィス。手続きもスムーズだ。

いる。以前は何枚もの書類にサインを求められたが、アプリを使うことで大幅に簡略化された。また、ハーツGoldプラス・リワーズメンバーに登録すれば、指定されたスポットに直行してクルマのなかに置かれたキーを使ってそのまま乗り始めることができる。旅の時間はとっても貴重。有効に使いたい。

カーナビを使うとき知っておきたいテクニック

レンタカーを使うときに覚えておきたいテクニックがある。海外のレンタカーには、日本のようにビルトインのカーナビがついていない場合も多い。しかし、馴れない土地でカーナビは必須だ。

では、どうすればいいかというと、スマートフォンのナビ画面をUSBやBluetoothでクルマのマルチメディアに同期させるのだ。最初はとまどうかもしれないが、馴れてしまえばとても快適。事前に接続方法をインターネットなどで確認しておくといいだろう。

なお、スマートフォンをWi-Fiにつなげるためにwi-Fiルーターをレンタルする人が多いだろう。最近はe-SIMを使う人も多いと聞く。

ただ、現地では駐車場の支払いもオンラインというケースが多くなっている。そんなとき、アメリカの電話番号があるととても便利だ。ぼくは現地の電話会社のオフィスでSIMカードを買い、その場で使えるようにしてもらっている。情報を集めて、快適な自動車の旅を楽しんでほしい。

お問い合せ・ご予約
www.hertz-japan.com

素晴らしいロケーションを楽しもう。

ぼくのハイウエイ61

MY HIGHWAY 61 REVISITED

　最後の最後にいうのも何だが、ぼくは音楽の専門家ではない。アカデミックな研究をしている方が読めば、本文中に間違いが多々あるかもしれない。

　でも、中学生の頃から、ずっとアメリカの音楽が大好きだったことは自慢できる。年齢を重ねながらロック、ブルース、Jazzを聴いて育った。その大好きな音楽がどんなところで生まれ、どんな人たちによってカッコよく進化していったのか。実際の土地に行って体感してみたい、というのが今回の旅のモチベーションだった。

　そして、何よりもアメリカの旅が好きだ。ロードマップを頼りに次の町を目指してクルマを走らせる。それも好きな音楽と一緒に。……そう考えただけで、いても立ってもいられなくなった。

　帰国後、関連する音楽を再生しながら原稿を書いていると、もう一度旅に出たような不思議な気持ちになった。まさに、追憶のハイウエイ61だ。

　みなさんも好きな音楽を聴きながら、ページをめくっていただければ幸いです。

参考図書

「アメリカは食べる。」（東理夫：株式会社作品社）
「アメリカは歌う。」（東理夫：株式会社作品社）
「ジャズの歴史物語」（由井正一：角川ソフィア文庫）
「初期のジャズ」（ガンサー・シューラー：法政大学出版局）
「ブルースの歴史」（ポール・オリヴァー：晶文社）
「ミシシッピ・ブルース・トレイル　ブルース街道をめぐる旅」（森田英彦：P ヴァイン・ブックス）
「ノー・ディレクション・ホーム　ボブ・ディランの日々と音楽」（ロバート・シェルトン：ポプラ社）
「わがアメリカ文化誌」（亀井俊介：岩波書店）

「HIDDEN HISTORY of Mississippi BLUES」by Roger Stolle
「Cajuns and Their Acadian Ancestors」by Shane K. Bernard

Photo courtesy : New Orleans Jazz Museum/Robert Johnson Blues Museum/Delta Blues Museum/
BB King Museum and Delta Interpretive Center/Highway61 Blues Museum/
Rock 'N' Soul Museum/STAX MUSEUM of American Soul Music/Bluegrass Music Hall of Fame & Museum/
Country Music Hall of Fame and Museum/National Blues Museum/Blues Heaven Foundation

著者プロフィール

牧野　森太郎（Shintaro Makino）

1959 年、東京生まれ。北海道大学農学部卒。自動
車雑誌、釣り雑誌、インテリア雑誌の編集長を経て、
現在フリーランス。20 歳代のころのインド旅行を機に
旅の素晴らしさに魅せられる。40 歳を過ぎて「放浪キャ
ンプ」をテーマにアメリカ国立公園を巡る。著書に『ア
メリカ　国立公園　絶景・大自然の旅　＜私のとって
おき＞シリーズ 34』『自分自身を生きるには　森の聖
人ソローとミューアの言葉』がある。

A JOURNEY TO EXPLORE THE ROOTS OF AMERICAN MUSIC

私のとっておき 51
アメリカ・ミシシッピリバー
音楽の源流を辿る旅

2025 年 3 月 13 日　第 1 刷発行

著者	牧野 森太郎（文・写真）
撮影	宮澤 佳久
デザイン	中川 純（DEux）
DTP	株式会社のほん
物撮り	刈田 雅文（産業編集センター）
編集	松本 貴子（産業編集センター）
制作協力	ミュージックカフェ＆バー QUATTRO LABO
	George Cockle（Inter FM「LAZY Sunday」）

Special thanks to Ms.Chie Usui（CWW Japan）、
Keiko Harada、Saku Yanagawa

発行　株式会社産業編集センター
〒 112-0011
東京都文京区千石 4 丁目 39 番 17 号
TEL 03-5395-6133　FAX 03-5395-5320

印刷・製本　萩原印刷株式会社

©2025 Shintaro Makino Printed in Japan
ISBN 978-4-86311-436-4 C0026

本書掲載の文章・写真・地図を無断で転用することを禁じます。
乱丁・落丁本はお取り替えいたします。